Unnützes Fußballwissen

Manuel Tonezzer

COPRESS

Vorwort

»Uns steht ein hartes Programm ins Gesicht.«
– Andreas Brehme

Dass der Fußball seine eigenen Geschichten schreibt, ist nichts Neues. Seien es unglaubliche Aufholjagden nach hohen Rückständen, kuriose Transferpannen oder bizarre Vorkommnisse außerhalb des Platzes. Im Fußball muss man mit allem rechnen, Spannung ist immer garantiert. Die Geschichten übertreffen sich stets gegenseitig an Skurrilität und sorgen für viel Gelächter und Verwunderung bei den Anhängern.

In diesem Buch erfahren Sie Geschichten, von denen Sie vermutlich noch nie gehört haben und entdecken Fakten, mit denen Sie am Stammtisch jeden verblüffen. Wussten Sie beispielsweise, dass die kürzeste Amtszeit eines Trainers lediglich zehn Minuten betrug? Oder dass Papst Franziskus bekennender Anhänger eines argentinischen Fußballvereins ist?

Ich hoffe, dass Sie in diesem Buch vieles lesen werden, das Sie zuvor noch nicht wussten, und dass Sie sich bei der ein oder anderen Anekdote verwundert die Augen reiben. Mir ist klar, dass ich nicht garantieren kann, dass jede Geschichte oder jeder Fakt für Sie vollkommen neu ist, aber ich habe mein Bestes gegeben, damit mir dies gelingt.

So unnütz dieses Wissen im ersten Moment klingen mag, so interessant sind die einzelnen Fakten bei genauerer Betrachtung. So klein ein Fakt auch sein mag, verrät er uns doch stets mehr über die wundersame Welt des Fußballs. Immer wieder erscheinen neue Anekdoten oder Geschichten, die die Sicht auf den Sport verändern können.

Tauchen Sie ein in eine Welt, die getrieben ist von Politik, Religion und Krieg, lernen Sie völlig neue Seiten des Fußballs kennen und machen Sie sich darauf gefasst, Dinge zu erfahren, die Sie garantiert verblüffen werden.

Bleibt mir nur noch zu sagen:
»Ich mache nie Voraussagen und werde das auch niemals tun.«
– Paul Gascoigne

Die harten Fakten

1. England gilt als Ursprungsland des Fußballs. Allerdings soll das erste fußballähnliche Spiel in China stattgefunden haben. Es trug den Namen »Ts'uh-küh« (Tretball) und wurde schon im 3. Jahrhundert praktiziert.

2. Dabei gilt China überhaupt nicht als Fußballland. Lediglich einmal qualifizierte sich das Land der Mitte für eine Weltmeisterschaft. Das war 2002. Damals fand das Turnier in Südkorea/Japan statt. Also gleich um die Ecke.

3. Der jüngste Torschütze bei einer WM ist der Brasilianer Pelé. Er war damals lediglich 17 Jahre und 238 Tage alt. Zudem ist Pelé auch der jüngste Hattrick-Schütze einer WM und der jüngste Torschütze eines WM-Finalspiels.

4. Den Rekord für den höchsten Sieg bei einer WM-Endrunde hält Ungarn. Bei der WM 1982 besiegte man El Salvador mit 10:1.

5. Die kleinste Fußball-Liga der Welt befindet sich auf den Scilly-Inseln, einem Archipel vor der Südspitze Englands. Dort duellieren sich die beiden Klubs »Woolpack Wanderers« und »Garrison Gunners« 18-mal pro Saison, immer sonntags um halb elf. Zuschauer lockt dieses Derby kaum an, die Spiele verfolgen zumeist nicht mehr als zehn Fans.

6. Die Mittellinie des »Estadio Milton de Souza Correa« im brasilianischen Macapa befindet sich exakt auf der Äquatorlinie.

7. Am 11. November 1987 bestritt Mark Hughes am selben Tag zwei Spiele für zwei verschiedene Teams. Erst ein EM-Qualifikationsspiel mit seinem Land Wales gegen die Tschechoslowakei, anschließend ein Spiel in der deutschen Bundesliga mit dem FC Bayern München gegen Borussia Mönchengladbach.

8. In der Geburtsurkunde von Rio Mavuba steht als Geburtsort »auf hoher See«. Er wurde auf einem Boot in internationalen Gewässern geboren.

9. Sein Vater kam aus dem Kongo, seine Mutter aus Angola. Mavuba selbst spielte allerdings für die französische Nationalmannschaft. Insgesamt kommt der Mittelfeldspieler auf 13 Länderspiele.

10. Michael Kempter ist der bisher jüngste Schiedsrichter, der in der deutschen Bundesliga zum Einsatz kam. Bei seinem Debüt war er 23 Jahre alt. Geleitet hat er dabei das Spiel zwischen dem VfL Bochum und Energie Cottbus.

11. Der mexikanische Stürmer Javier Hernandez trägt den Spitznamen »Chicharito«. Das bedeutet übersetzt »kleine Erbse«.

12. Bryan Cristante wurde wegen Gotteslästerung während eines Spiels in der italienischen Serie A für eine Partie gesperrt. Beim 5:1-Auswärtssieg seines Klubs AS Rom in Bologna soll er eine blasphemische Äußerung von sich gegeben haben.

13. Dieses Schicksal teilt er mit Rolando Mandragora von Udinese Calcio, der bereits 2018 für selbiges Vergehen gesperrt wurde. Ursache für seine Äußerungen war eine Parade des gegnerischen Torhüters. Die Worte »Porca Madonna, Vaffanulco, Dio Cane«, mit welchen er die Jungfrau Maria sowie Gott beleidigte, wurden ihm zum Verhängnis.

14. Der britische Arzt und Sherlock-Holmes-Autor Sir Arthur Conan Doyle war einer der Gründer des Portsmouth FC. Dort spiele er als Torhüter unter dem Pseudonym »A.C. Smith«.

15. Der deutsche Ex-Nationalspieler Kevin Großkreutz wurde einst angezeigt, da er einen Kölner Fan in der Innenstadt mit einem Döner beworfen haben soll.

16. Bei der Präsidentschaftswahl 2018 in Ägypten erhielt Mohamed Salah über eine Million Stimmen. Die Ägypter strichen die Namen der beiden eigentlichen Kandidaten durch und schrieben stattdessen den Namen des Liverpool-Akteurs auf den Zettel. Hätten die Stimmen, die als ungültig gewertet wurden, gezählt, hätte Salah etwa fünf Prozent der Gesamtanzahl erhalten.

17. Dass Cristiano Ronaldo 869 Tage älter als sein Rivale Lionel Messi ist, ist an sich nichts Kurioses. Interessant wird dieser Fakt jedoch durch die Tatsache, dass Ronaldos Sohn ebenfalls 869 Tage älter ist als der Sohn von Lionel Messi.

18. Manuel Neuer war Synchronsprecher im Trickfilm »Die Monster-Uni«. Seine Stimme lieh der Torhüter der Figur »Frank McCay«.

19. Der Ukrainer Nikolai Kutsenko hält den Rekord im Fußball-Jonglieren. Ihm gelang es 1995, den Ball ohne Pausen 24 Stunden und 30 Minuten in der Luft zu halten.

20. Beim Spiel zwischen Tottenham Hotspur und dem FC Chelsea hielt es Spurs-Verteidiger Eric Dier nicht mehr aus: Noch während des Spiels lief der Engländer auf die Toilette, um dort sein Geschäft zu verrichten.

21. Robert Lewandowski isst zuerst das Dessert, dann das Hauptgericht und anschließend die Suppe. Dies hat den Grund, dass die menschliche Verdauung am effektivsten ist, wenn zuerst Kohlenhydrate, dann Proteine und anschließend Fett gegessen werden.

22. Tommaso Berni verbrachte sechs Jahre seiner Fußballkarriere bei Inter Mailand. In dieser Zeit gelang ihm das Kunststück, kein einziges Mal eingesetzt zu werden, jedoch zwei Rote Karten zu erhalten.

23. Ein Rekord für die Ewigkeit ist auch jener von Josip Simunic. Der Kroate musste bei der WM 2006 Sonderschichten einlegen, um sich seine Gelb-Rote Karte abzuholen. Denn Simunic sah in dem Spiel gegen Australien dreimal Gelb, um anschließend vom Platz gestellt zu werden. Schiedsrichter Graham Poll hatte damals schlichtweg vergessen, dass er den Kroaten bereits verwarnt hatte.

24. Poll stand schon zuvor mehrmals in der Kritik. José Mourinho sagt über den Schiedsrichter: »Herr Poll liebt die Theatralik, aber er macht sich lächerlich dabei.«

25. Uli Hoeneß litt früher laut eigenen Angaben an Börsensucht. Dies gab er während der Steueraffäre 2014 zu, bei welcher herauskam, dass Hoeneß Steuern in Höhe von 28,5 Millionen Euro hinterzogen hatte.

26. Für dieses Vergehen wurde er am 13. März 2014 zu dreieinhalb Jahren Haft verurteilt. Entlassen wurde er jedoch schon am 29. Februar 2016.

27. Am 17. Februar 1982 überlebte der damals 30-Jährige Hoeneß als Einziger einen Flugzeugabsturz. Auf dem Weg zum Länderspiel gegen Portugal, das in Hannover stattfand, stürzte das Propellerflugzeug, welches er sich mit drei Freunden teilte, ab. Der Platz, der Hoeneß das Leben rettete? Hinten rechts.

28. In Italien wurde ein Trainer nach einem 27:0-Sieg seines Teams gefeuert. Der Grund: Er habe dem Gegner damit nicht den nötigen Respekt entgegengebracht.

29. Den offiziellen Rekord für den höchsten Sieg der Fußballgeschichte hält Australien. Die Mannschaft von Trainer Frank Farina besiegte Amerikanisch-Samoa 2001 im Rahmen eines WM-Qualifikationsspiels mit 31:0.

30. Dem Australier Archie Thompson gelangen in diesem Spiel 13 Tore. Er stellte damit den Rekord für die meisten Tore in einem Länderspiel auf.

31. Frank Farina durfte zwar seinen Job behalten, der Erfolg blieb dennoch nicht ohne Folgen. Er war auch ein Auslöser dafür, dass Australien die Konföderation von Ozeanien verließ und fortan in Asien antrat.

32. Bei einem Spiel in der chinesischen Super League wurde der 22-Jährige Junje Wen bereits nach 55 Sekunden ausgewechselt. Sein Einsatz beruhte auf der Ligaregel, dass mindestens ein U23-Spieler in der Startelf stehen muss. Durch jene Einschränkung erhofft sich der chinesische Verband eine Förderung der Jugend. Ob dies der richtige Weg ist, darf zumindest angezweifelt werden.

33. Die chinesischen Verantwortlichen hatten jedoch noch einen weiteren Geistesblitz, der die Förderung des heimischen Fußballs vorantreiben sollte. So sollten die U20-Junioren Chinas in der deutschen Regionalliga Südwest gegen die dortigen Teams in Testspielen antreten.

34. Das Projekt währte nicht lange, schon im ersten Spiel gegen den TSV Schott Mainz war Schluss. Als Zuschauer Tibetfahnen entrollten, weigerten sich die chinesischen Akteure, weiterzuspielen. Fortgesetzt wurde das Spiel zwar, es war allerdings das letzte. Der DFB beendete anschließend das Gastspiel von Chinas U20.

35. Dass Sadio Mané bei seinem ersten Treffen mit Liverpool-Trainer Jürgen Klopp zu sehr wie ein Rapper aussah, wurde dem Senegalesen fast zum Verhängnis. Aufgrund seines schlechten Eindrucks sah Klopp vorerst von einer Verpflichtung ab und begründete dies mit den Worten: »Da saß ein richtig junger Kerl. Seine Baseball-Cap war schief und er hatte diese blonde Strähne, die er heute noch trägt. Er sah aus wie ein Rapper, ich habe keine Zeit für sowas.«

36. Ihre Wege kreuzten sich später dennoch. Mané wechselte von Red Bull Salzburg zum Southampton FC, wo er weiterhin stark aufspielte. Schlussendlich entschied sich Klopp doch für eine Verpflichtung des Senegalesen und lotste ihn zum FC Liverpool.

37. Der Vatikan hat eine eigene Fußballmannschaft, ist aber kein Mitglied der Fifa.

38. Da die Vatikanstadt zu klein für ein eigenes Fußballstadion ist, werden die »Heimspiele« im Stadio Pio XII ausgetragen, das sich in der italienischen Stadt Albano Laziale befindet.

39. Auch der Papst mag Fußball. Denn Papst Franziskus ist unter anderem Ehrenmitglied des argentinischen Fußballklubs CA San Lorenzo, des deutschen Klubs TSV 1860 München und des österreichischen Vereins Rapid Wien.

40. Marcelo bestritt in seiner Karriere über 50 Spiele für die Nationalmannschaft Brasiliens, spielte allerdings keine einzige Partie in der Copa America.

41. Das größte Hobby des ehemaligen österreichischen Fußballers Martin Hinteregger ist die Jagd. Darüber hinaus spielt er gerne Ziehharmonika und hat sogar den Flugschein.

42. Bei der WM 2010 war Neuseeland die einzige Nation, der es gelang, ungeschlagen zu bleiben. Dennoch schieden sie schon in der Gruppenphase aus.

43. Dejan Stankovic ist der einzige Spieler, der für drei verschiedene Nationen eine WM-Partie bestritt. Er stand für Jugoslawien, Serbien & Montenegro und Serbien auf dem Feld.

44. Die FIFA hat derzeit 211 Mitgliedsstaaten, während die UNO nur 193 Länder auf der Welt anerkennt. Von den Vereinten Nationen ausgeschlossen, aber bei der FIFA dabei, sind unter anderem der Kosovo, die Cook-Inseln und Taiwan.

45. Chloe Hegland trug sich schon mit zehn Jahren in die Rekordbücher ein. Ihr gelang es am 12. Dezember 2006, einen Fußball in 30 Sekunden ganze 155-mal zu berühren.

46. Ronaldinho unterzeichnete 2011 bei seinem Klub Flamengo einen neuen Vertrag, der angeblich eine Klausel beinhaltete, die dem Brasilianer erlaubte, zweimal pro Woche feiern zu gehen.

47. Das erste im Fernsehen übertragene Fußballspiel fand am 16. September 1937 statt. Es zeigte ein Freundschaftsspiel zwischen Arsenal London und deren Reserve.

48. In der Saison 2022/23 wurden Manchester Uniteds Marcus Rashford sowie sein Trainer Erik ten Hag gleichzeitig zum Spieler bzw. Trainer des Monats gekürt. Dieses Kunststück gelang Manchester United erst zum zweiten Mal überhaupt. Bei der Premiere wurden Cristiano Ronaldo und Sir Alex Ferguson gemeinsam ausgezeichnet.

49. Der Rekord für die meisten Zuschauer bei einem Spiel der UEFA Women's Champions League wurde beim Halbfinal-Hinspiel zwischen dem FC Barcelona und dem VfL Wolfsburg verzeichnet. 91 648 Menschen waren im Stadion.

50. Aston Villa hat einige der treusten Fans der Welt: die Ghana Lions. Sie kommen aus einer kleinen Region in Ashanti, Ghana. An jedem Spieltag stehen sie um 5 Uhr morgens auf, ziehen ihre Trikots an und ziehen tanzend und singend durch die Straßen.

51. Niklas Süle wurde in seiner Zeit als U16-Spieler Hoffenheims vom türkischen Nationaltrainer kontaktiert. Dieser wollte, dass der Innenverteidiger fortan für die Türkei spielte. Das Problem: Süle ist weder Türke noch hat er türkische Vorfahren. Der Trainer hielt den Deutschen aufgrund seines Nachnamens fälschlich für einen Türken.

52. Am 17. Mai 2007 wurde Leroy Rosenior im Presseraum des Plainmoor-Stadiums als neuer Trainer von Torquay United vorgestellt. Minutenlang philosophierte er über die Zukunft des Vereins und sprach über seine Ziele und Herangehensweise. Als die Pressekonferenz beendet war, bekam er einen Anruf von Klubbesitzer Mike Bateson. Der teilte ihm mit, dass er den Klub gerade eben verkauft hätte und Rosenior seinen Platz räumen müsse. Die Amtszeit Roseniors beläuft sich daher auf gerade einmal zehn Minuten.

53. Eine Zeit seiner Jugend verbrachte der ehemalige schwedische Nationalspieler John Guidetti in Kenia, wo sein Vater an einem Schulprojekt in Nairobi arbeitete.

54. Die WM 2010 in Südafrika ist vor allem für eines bekannt: die Vuvuzelas. Für manche Fans waren sie eine schöne Ergänzung zu den Stadiongesängen, für andere einfach nur nervig. Fakt ist jedoch, dass die Plastiktröten eine Lautstärke von 123,4 Dezibel erreichen können. Das entspricht in etwa jener von startenden Düsenflugzeugen.

55. Crystal Palace gelang es gegen Watford, ein Spiel ohne eigenen Torschuss zu gewinnen. Bedanken konnten sie sich bei Troy Deeney, der den Ball ins eigene Tor beförderte und den Adlern somit zum Sieg verhalf.

56. Das längste Fußballspiel ereignete sich im Jahr 2019. Das Benefizspiel zwischen den Teams »Sportfreunde Winterbach« und »Thank God It's Friday« dauerte ganze 168 Stunden. Aufgestellt wurde dieser Rekord im Saarland.

57. Der bescheidene Endstand? Die Gäste besiegten Gastgeber Winterbach insgesamt mit 1830:1797.

58. Transferpannen ereignen sich im Profifußball immer wieder. Am eigenen Leib spürte das der Portugiese Adrien Silva. Der Mittelfeldspieler sollte am 31. August am letzten Drücker von Sporting Lissabon zu Leicester City wechseln. Da sein neuer Klub jedoch die notwendigen Unterlagen 14 Sekunden zu spät einreichte, kam der Transfer nicht zustande. So war Silva die nächsten vier Monate zum Zusehen verdonnert und durfte bei den Foxes lediglich mittrainieren.

59. George Alaba, der Vater von David Alaba, gelang 1997 mit seiner Partnerin Petra Suk als Duo »Two in One« der Durchbruch. Mit dem »Indian Song« landeten sie auf Platz zwei der österreichischen Charts.

60. David Alabas Schwester Rose May ist ebenfalls musikalisch. Sie war Mitglied der Girlgroup BFF und kann schon zwei Chartplatzierungen vorweisen. Nebenbei widmet sie sich der Schauspielerei.

61. Der damalige Tiroler Landeshauptmann Günther Platter begrüßte David Alaba während eines Trainingslagers der österreichischen Nationalmannschaft auf Englisch mit »How do you do?«. Alaba antwortete: »Sie können ruhig deutsch mit mir reden, ich bin Österreicher.«

62. Ivan Perisic nahm 2017 an einem Beach-Volleyball-Major in Porec teil. Er erhielt vom Veranstalter eine Wildcard und trat mit seinem Landsmann Niksa Dell'Orco an. Sein damaliger Verein konnte froh sein, dass der Kroate schon in der Gruppenphase ausschied. Denn wäre Perisic bis ins Finale vorgedrungen, hätte er den Trainingsauftakt verpasst.

63. Nach der WM 2010 in Südafrika erhielt der Trainerstab der deutschen Nationalmannschaft den Medienpreis Bambi. Die Laudatio hielt Mesut Özil, überreicht wurde die Trophäe von der Sängerin Shakira.

64. Solomon March machte seinem Namen am 15. März 2023 alle Ehre und traf in der 15. Spielminute. Zudem brachte er die Tordifferenz seines Teams Brighton auf +15. Dass er dabei die Nummer 7 trug, soll das Kuriosum nicht schmälern.

65. Gerard Piqué belegte bei der European Poker Tour 2017 in Barcelona den fünften Platz und erhielt dadurch ein Preisgeld von 130.000 Euro. 2019 wurde er sogar Zweiter und gewann 350.000 Euro.

66. Piqué ist zudem Präsident des FC Andorra, der sich zurzeit in der 2. Spanischen Liga befindet.

67. Im Gegensatz zu den anderen andorranischen Vereinen, spielt der Klub nicht in der heimischen Liga, sondern nimmt am spanischen Ligensystem teil.

68. Leon Bailey sagte einst seine Teilnahme an Länderspielen von Jamaika ab, da sein Bruder nicht einberufen wurde.

69. Sein Opa Lennart, sein Vater Leif und Emil Forsberg feierten mit 17 Jahren ihr Debüt für den GIF Sundsvall. Sie alle trugen die Nummer 10.

70. Die erste Freundin von Sir Alex Ferguson war die Großmutter von Trent Alexander-Arnold.

71. In einer Bibel in einer Londoner Bibliothek wurden intime Fotos von den Spielern Diego Costa und Gabriel Jesus gefunden, die die beiden Akteure oberkörperfrei mit einer Frau zeigten.

72. Am 31. Oktober 2002 endete das Spiel zwischen AS Adema und SOE Antananarivo in der ersten Liga von Madagaskar 149:0. Wie solch ein Ergebnis zustande kommt? Der damalige Trainer der Gäste Saka Be ordnete aus Protest gegen den Schiedsrichter seinem Team an, ein Eigentor nach dem anderen zu erzielen.

73. Alle 40 Sekunden kamen die Zuseher in den Genuss eines Treffers.

74. Saka Be wurde daraufhin vom madagassischen Verband für drei Jahre gesperrt.

75. Erling Haaland sprang im Alter von fünf Jahren aus dem Stand 1,63 Meter. Der von 47 Nationen geführten »International-Age-Records-Liste« zufolge ist das noch heute der Rekord in dieser Altersklasse.

76. Bei der U20-WM in Polen stellte Haaland einen weiteren Rekord auf. Beim 12:0-Sieg von Norwegen gegen Honduras traf der Stürmer neunmal.

77. Der Brite Darius Vassell kämpfte einst gegen eine Blutblase unter dem Zehennagel. In seiner Verzweiflung griff der damalige Akteur von Aston Villa zur Bohrmaschine. Der Versuch misslingt gewaltig, er durchbohrte seinen Zeh und fiel für drei Spiele aus. Ob er die Blutblase danach immer noch hatte, ist nicht überliefert.

78. Noch kurioser war die Verletzungsursache des früheren englischen Nationalspielers David Betty. Er musste mehrere Monate pausieren, da ihn sein dreijähriger Sohn mit dem Bobby Car angefahren hatte.

79. DJ Ötzi gab dem FC Augsburg einst das Versprechen, bei dem Erreichen eines siebten Platzes ein Privatkonzert für den Verein zu veranstalten. Vielleicht war auch dieses Versprechen ein Grund dafür, dass die Fuggerstädter in jener Saison lediglich Platz 15 erreichten.

80. Sebastian Rudy verlor bei einem Testspiel seinen Ehering.

81. Am nächsten Tag fuhr er mit seinem Teamkameraden Oliver Baumann zum Ort des Spiels zurück, wo sie den Ring wieder aufspürten.

82. Bei der Frauen-WM 2019 in Frankreich war das Maskottchen ein Huhn namens Ettie. Ettie galt als das Kind von Footix, dem Hahn, der das Maskottchen der Herren WM 1998 war. Auch diese fand in Frankreich statt.

83. Damit ein Schiedsrichter ein Fußballspiel anpfeifen darf, müssen pro Mannschaft mindestens sieben Spieler auf dem Platz stehen. Sobald einer der Akteure jedoch eine Rote Karte erhält, wird die Partie abgebrochen und mit 0:3 gewertet.

84. Bei einem Spiel zwischen Arsenal und Brighton verhöhnte Matteo Guendouzi seinen Gegenspieler Neal Maupay mit dem Satz: »Ich verdiene mehr als du jemals verdienen wirst.« Plottwist: Maupay verdiente laut »Sky« über 20.000 Euro mehr im Monat.

85. Der niederländische Innenverteidiger Virgil Van Dijk arbeitete einst als Tellerwäscher.

86. Nach seinen starken Auftritten für die englische Nationalmannschaft starteten Fans eine Petition, in der sie forderten, dass ein Bild von Harry Maguire die 50-Pfund-Note zieren sollte. Das geforderte Bild? Der englische Nationalspieler in Badehose reitet auf einem aufblasbaren Einhorn.

87. Während seiner zweiten Amtszeit beim FC Chelsea (2013–2015) drohte José Mourinho seinem Spieler Nemanja Matic in der Halbzeitpause, dass er ihn loswerden wolle. Verkauft wurde Matic jedoch erst 2017.

88. Er heuerte damals beim Ligakonkurrenten Manchester United an. Der dortige Trainer: José Mourinho.

89. In der Saison 2019/20 wettete ein Fußballfan darauf, dass der damalige Manchester-United-Akteur Jesse Lingard die gesamte Saison über keinen Scorer-Punkt erzielt. Für zehn Pfund hätte der 27-Jährige 670 Pfund erhalten. Doch am letzten Spieltag machte ihm Lingard noch einen Strich durch die Rechnung. Er traf in der 98. Spielminute zum 2:0-Sieg seines Teams gegen Leicester City.

90. Johnny Evans kam dank des Computerspiels »Championship Manager« zu seinem Debüt in der nordirischen Nationalmannschaft. Der Sohn des damaligen Assistenztrainers Terry Gibson entdeckte den Innenverteidiger und empfahl ihn seinem Vater. Dieser sagte es dem Cheftrainer, der Evans daraufhin einberief.

91. Der frühere Aston-Villa-Kapitän Jack Grealish wurde im Derby gegen den FC Birmingham von einem gegnerischen Fan niedergestreckt. Der Profi konnte jedoch weiterspielen und rächte sich mit dem entscheidenden Tor zum 1:0-Endstand. Der Birmingham-Anhänger wurde hingegen zu 14 Wochen Gefängnis verurteilt.

92. Der frühere Sportlehrer von Gareth Bale verbot dem jungen Waliser beim Fußball seinen linken Fuß zu benutzen, weil dieser nach Meinung des Lehrers zu stark war.

93. Am 17. Oktober 2009 ereignete sich in der englischen Premier League etwas höchst Kurioses. Sunderland-Stürmer Darrent Bent schoss im Spiel gegen Liverpool einen Wasserball an, von welchem der Ball ins Tor abgefälscht wurde. Der Schiedsrichter gab den Treffer dennoch, wodurch Sunderland das Spiel mit 1:0 gewann.

94. Wenn man an Giovanni Trapattoni denkt, kommt einem zumeist die Wutrede in seiner Zeit als Bayern-Trainer in den Sinn. Doch der italienische Kult-Trainer gab schon als amtierender Trainer von Red Bull Salzburg eine ähnlich legendäre Pressekonferenz.

95. Nachdem er wiederholt für seine defensive Spielweise kritisiert wurde, platzte Trapattoni der Kragen. Die anwesenden Journalisten bekamen von ihm den Rüffel: »Wörter sind sehr einfach. Wer kann machen, machen. Wer kann nicht machen, sprechen. Wer kann nicht sprechen, der schreiben.«

96. Nach dem Ende des zweiten Weltkriegs trugen die Vereine FC Baden (Schweiz), SC Baden-Baden (Deutschland) und der Badener AC (Österreich) untereinander den »Thermal Cup« aus. Alle Spiele endeten unentschieden. Der Sieger war jedoch nicht der Badener AC, der die meisten Tore erzielte, sondern der SC Baden-Baden. Dieser wies nämlich die beste Eckball-Differenz auf.

97. In der tschechischen fünften Liga ereignete sich 2016 ein Weltrekord. Da die Duelle in der dortigen Liga bei Unentschieden im Elfmeterschießen entschieden werden, mussten die Kontrahenten FC Frystak und SK Batov zum Punkt schreiten. Dass die Ermittlung des Siegers allerdings so lange dauern würde, hat wohl keiner gedacht. 22:21 gewann der SK Batov im Elfmeterschießen, nachdem Jan Hrebecka den Ball über die Latte beförderte.

98. Der Videobeweis sorgte schon bei so einigen Fans für Kopfschütteln. Beim Spiel zwischen den griechischen Klubs Lamia und Panathinaikos Athen erntete dieser erneut Spott. Denn eine Kamera hielt fest, wie den Video-Assistenten während des Spiels Souvlaki geliefert wurde.

99. Indien, Schottland und die Türkei verweigerten im Jahr 1950 die Teilnahme an der Weltmeisterschaft, weil ihnen die FIFA verbot, barfuß anzutreten.

100. **Das Eigentor**

Wenn eine Mannschaft im Fußball das gegnerische Tor verteidigen muss, dann kann irgendetwas nicht stimmen. Solch eine kuriose Situation trug sich am 27.1.1994 in einem Qualifikationsspiel für den Karibik-Cup zu. Die nicht ganz durchdachten Regeln hatten zur Folge, dass Grenada zum Weiterkommen ein Eigentor benötigte, woraufhin deren Gegner Barbados neben dem eigenen Tor auch das gegnerische verteidigen musste. Doch wieso konnte Grenada ein Eigentor zum Sieg verhelfen?

Grund dafür war eine neue Regel, die erstmals in der Qualifikation für den Karibik-Cup angewendet wurde. Wenn ein Spiel nach 90 Minuten unentschieden steht, wird die folgende Verlängerung durch ein Golden Goal entschieden, das doppelt zählt.

Zudem befinden sich drei Teams in einer Qualifikationsgruppe, in diesem Fall waren das Grenada, Puerto Rico und Barbados. Um sich als Gruppenerster zu qualifizieren, benötigte Barbados im Entscheidungsspiel gegen Grenada einen Sieg mit zwei Toren oder mehr Differenz.

Das Spiel verlief für Barbados nach Plan, es gelang dem Team mit 2:0 in Führung zu gehen. In der 83. Spielminute machte Grenada jedoch den Anschlusstreffer, woraufhin Barbados einen weiteren Treffer benötigte. Da es kurz vor Schluss immer noch 2:1 stand, hatte der Trainer einen Einfall: Man sollte freiwillig das 2:2 erhalten, um in der anschließenden Verlängerung mehr Zeit zu haben, um die nötige Differenz von zwei Toren herzustellen. Aufgrund der neuen Golden Goal Regel zählte ja ein Treffer in der Verlängerung wie zwei, womit Barbados statt nur noch drei Minuten zusätzliche 30 Minuten in der Verlängerung hätte.

Ein Eigentor von Barbados-Verteidiger Sealy führte kurz vor Spielende zum 2:2, wodurch es nach Verlängerung roch. Doch auch Grenada wusste, dass dies eher zu ihrem Nachteil wäre. Sie mussten also unbedingt ein Tor erzielen. Dabei war es egal, ob ins eigene oder in jenes des Gegners.

So musste Barbados zwei Tore verteidigen, was ihnen tatsächlich gelang. In der Verlängerung entwickelte sich anschließend wieder ein normales Fußballspiel, bei dem beide Teams ein Tor zum Aufstieg benötigten. Barbados gelang in der Verlängerung tatsächlich noch der Siegtreffer, der trickreiche Plan hatte also funktioniert: Barbados qualifizierte sich als Tabellenerster für den Karibik-Cup in Trinidad und Tobago.

Dort schieden sie jedoch schon in der Gruppenphase aus. Diese Form der Golden-Goal-Regel wurde anschließend nie wieder angewandt.

Grenadas Nationaltrainer James Clarkson beklagte sich nach der Partie: »Die Person, die diese Regeln erfunden hat, muss ein Kandidat fürs Irrenhaus sein. Unsere Spieler wussten nicht einmal, in welche Richtung sie angreifen mussten: Auf unser Tor oder auf deren Tor.«

101. Das Fußballstadion von Leicester City, das auf den Namen »King Power Stadium« hört, ist ein hochmodernes Fußballstadion. Die einzige Ausnahme bildet die Gästekabine. Diese besteht weiterhin aus Holzbänken und ein paar Haken an der Wand.

102. Bei einem Duell in der ersten Liga Ecuadors wurde die Partie schon nach rund zehn Minuten abgebrochen. Der Grund: Aggressive Bienen hatten die Fußballer der beiden Teams attackiert. Auch ein herbeigerufener Imker konnte die Tiere nicht vertreiben.

103. Brasilien ist das einzige Land, das seit 1930 an allen Weltmeisterschaften teilgenommen hat.

104. Die einzigen Länder, die gegen Brasilien ungeschlagen sind, sind Norwegen und Senegal.

105. Hilmar Leon Jakobsen war auf den Färöer-Inseln ein erfolgreicher Handballspieler. Aufgrund der Corona-Pandemie wurde der Handballbetrieb auf den Inseln eingestellt. Um sich dennoch fitzuhalten, trainierte Jakobsen bei der Reserve des färöischen Fußballklubs HB Torshvan mit. Nach guten Leistungen wurde er in die erste Mannschaft befördert, wo er weiterhin überzeugte. In 17 Spielen gelangen dem Fähringer starke zwölf Tore, womit er maßgeblich zum Meistertitel beitrug. Seine Leistungen wurden belohnt, Jakobsen wurde sogar in die Nationalmannschaft der Färöer-Inseln einberufen.

106. Andreas Ulmer von Red Bull Salzburg lief bei einem Champions-League-Qualifikationsspiel irrtümlicherweise in einem Trikot von Schwesterklub RB Leipzig auf. Die Erklärung: Fehlerhafte Lieferung des Herstellers.

107. Normalerweise ist Red Bull der Brustsponsor der Mozartstädter. Der jüngste Startelfspieler der Bullen hat jedoch das Logo des Fruchtsaftherstellers Rauch auf der Brust.

108. Der ehemalige KSC-Trainer Winnie Schäfer ärgerte sich in einer Pressekonferenz über eine vermeintliche Niederlage. Daraufhin klärte ihn ein Journalist darüber auf, dass sein Team tatsächlich unentschieden gespielt hat. Der Trainer hatte dies schlichtweg nicht mitbekommen.

109. Als der Brasilianer Ronaldo einst zu Inter Mailand wechselte, bekam er die zuvor an Ivan Zamorano vergebene Nummer neun. Der übergangene Zamorano wählte daraufhin die 18 als neue Nummer und ließ sich vom Zeugwart ein kleines Pluszeichen zwischen die Ziffern eins und acht nähen.

110. Als erster Feldspieler im Profifußball lief der Marokkaner Hicham Zerouali mit der 0 auf dem Rücken auf.

111. Der spanische Fußballer Mario Martinez Rubio gewann im Jahr 2008 die spanische Weihnachtslotterie.

112. In der Saison 1983/84 der dritten rumänischen Liga hatte der Tabellenzweite UM Timisoara lediglich drei Punkte Vorsprung auf den Tabellenletzten Minerul Aninosa.

113. Das schnellste Tor in einem EM-Finale erzielte Luke Shaw bei der EM 2020. Er benötigte nur 116 Sekunden, um den Ball ins Tor zu befördern.

114. Im Mai 2016 wurde das Premier-League-Spiel zwischen Manchester United und AFC Bournemouth abgesagt, weil im Stadion Sprengstoff gefunden worden war. Wie sich später herausstellte, war dies lediglich eine Attrappe, die die Mitarbeiter einer Sicherheitsfirma bei einem Sicherheitstraining am Vortag aus Versehen im Stadion vergessen hatten.

115. Der Trainer Nicolo Napoli führte eine turbulente On-Off-Beziehung mit dem rumänischen Klub FC U Craiova 1948. Schon neun Mal war er dort Trainer, zuletzt verließ der den Verein im Jahr 2022.

116. Manche Fußballer können einfach nicht aufhören. So ergeht es auch dem Japaner Kazuyoshi Miura. Der mittlerweile 56-Jährige kam 2023 für den UD Oliveirense in der zweiten portugiesischen Liga zum Einsatz und stellte damit einen neuen Altersrekord auf. Er ist der älteste aktive Fußballprofi.

117. Miura wurde im selben Jahr geboren wie Jürgen Klopp, Massimiliano Allegri und Paul Gascoigne und ist mit 56 Treffern Rekordtorschütze Japans.

118. José Mourinho fiel bei einem Auswärts-Spiel mit seinem damaligen Verein Tottenham Hotspur auf, dass die Tore des Gastgebers Shjendija Tetovo zu klein waren. Die UEFA bestätigte daraufhin, dass der Abstand von der Linie zur Latte um fünf Zentimeter zu kurz war. Die Tore wurden ausgetauscht, die Spurs gewannen die Partie mit 3:1.

119. Grönland wird die Mitgliedschaft in der FIFA mitunter deswegen verwehrt, weil auf der Insel zu wenig Gras vorhanden ist.

120. Ronaldinho rief im Jahr 2005 vor dem anstehenden Duell gegen Real Madrid in der Nacht jeden Mitspieler an und erzählte ihnen, dass er zu dem Kontrahenten wechseln werde, sie allerdings mit niemanden darüber sprechen dürften. Seine Teamkameraden hielten dicht, bei der Kabinenansprache klärte sie Ronaldinho über den Test auf. Barcelona gewann die Partie mit 3:0, der Brasilianer erzielte einen Doppelpack.

121. Axel Tuanzebe bekam 2018 einen Eintrag im Guinness-Buch der Weltrekorde, da er das Tischspiel Hungry Hungry Hippos in lediglich 17,36 Sekunden erfolgreich meisterte.

122. Weil er siebenmal gegen die Wettregeln der FA verstoßen hatte, wurde Kieran Trippier für zehn Wochen vom Fußballbetrieb ausgeschlossen. Darüber hinaus erhielt er eine Strafe von 77.000 Euro.

123. Die Mutter von Leroy Sané holte bei den olympischen Spielen 1984 eine Medaille in der Rhythmischen Sportgymnastik.

124. Bei einem Qualifikationsspiel für die Europa-League zwischen Admira Wacker Mödling und Slovan Liberec ging so ziemlich alles schief. Der türkische Schiedsrichter Halis Özkahya musste wegen einer Wadenverletzung ausgetauscht und die Partie dreimal wegen eines defekten Flutlichts unterbrochen werden. Zu allem Überfluss stürmte kurz vor dem Spielende auch noch ein Flitzer auf den Rasen.

125. Der Brasilianer Somalia verschlief nach einer langen Nacht das Auftakttraining seines Klubs. In seiner Not brauchte der Akteur des Vereins Botafogo Rio de Janeiro eine Ausrede. So kam er auf die Idee, seine Entführung vorzutäuschen und die erfundene Straftat bei der Polizei anzuzeigen. Diese wertete, zu Somalias Überraschung, dessen eigene Überwachungskameras aus. Die zeigten, dass Somalia erst gegen 4 Uhr heimkam und das Haus gegen 9 Uhr verließ. Da sich dies nicht mit seinen Aussagen deckte, flog der Betrug auf. Der Brasilianer wurde daraufhin zu einer Spende von umgerechnet 13.000 Euro für Flutopfer verurteilt.

126. Der Argentinier Martin Palermo schaffte es in einem Copa-America-Spiel gegen Kolumbien, ganze drei Elfmeter zu verschießen. Das sicherte ihm einen Platz im Guinness-Buch der Weltrekorde.

127. Weil Borussia Mönchengladbachs ehemaliger Stürmer Marcus Thuram beim Champions-League-Duell gegen Inter Mailand seinen Ausweis vergessen hatte, wurde ihm von einem Ordner der Zutritt zum Stadion verwehrt. Also googelte sich der Franzose selbst, um doch noch reingelassen zu werden. Der Ordner ließ Thuram daraufhin ins Stadion.

128. Clarence Seedorf ist der einzige Spieler, der die Champions-League mit drei verschiedenen Vereinen gewann. Er holte sowohl mit Ajax Amsterdam als auch mit Real Madrid und AC Mailand den Pokal.

129. José Mourinho blieb mit seinen Teams zwischen 2002 und 2011 insgesamt 150 Liga-Heimspiele in Folge ungeschlagen.

130. Bei einem Spiel in einer andalusischen Amateur-Liga zwischen den Vereinen Recreativo Linense und Saladillo Algeciras zeigte Schiedsrichter Jose Manuel Barro Escandón in Folge eines Spielabbruches 19 rote Karten.

131. An der Frage, wer die schnellste rote Karte überhaupt kassiert hat, scheiden sich die Geister. Ein heißer Anwärter auf diesen Titel ist Walter Boyed. Bei einem Spiel seines damaligen Vereines Swansea FC im Jahr 1999 brauchte er nicht einmal eine Sekunde, um wieder vom Platz geschickt zu werden. Er schlug nämlich noch während seiner Einwechslung einem Gegenspieler ins Gesicht.

132. Endstand 0,5:0? Solch ein Ergebnis ist eigentlich nicht typisch für den Fußballsport. Doch tatsächlich soll ein Spiel mit diesem Ergebnis geendet haben. Bei einer Partie in den 1940er-Jahren im brasilianischen Bundesstaat Paraíba platzte ausgerechnet beim Elfmeter der Ball. Kurios: Die Luftblase flog ins Tor, die lose Lederhülle nicht. Der amtierende Schiedsrichter rätselte lange bezüglich seiner Entscheidung und entschied sich schlussendlich dazu, ein halbes Tor zu geben.

133. Beim WM-Viertelfinale zwischen England und Argentinien verwies Schiedsrichter Rudolf Kreitlein den argentinischen Akteur Antonio Rattín vom Feld. Da sich dieser weigerte, den Platz zu verlassen, musste er sogar von Polizisten abgeführt werden. Noch während seines Abtransportes wurde er von den Zusehern mit Schokoriegeln beworfen. Rattín reagierte gelassen und aß sie einfach auf.

134. Da der WM-Pokal sehr wertvoll ist, müssen ihn die Weltmeister nach der Feier wieder zurückgeben. Um dennoch ein Andenken an die Errungenschaft zu haben, bekommen die Spieler eine vergoldete Nachbildung der Trophäe.

135. 1979 musste im schottischen Pokalwettbewerb das Duell zwischen den Klubs Falkirk und Inverness Thistle ganze 29-mal verschoben werden. Ursprünglich angesetzt war die Partie für den 8. Januar, gespielt werden konnte das Match jedoch erst am 22. Februar.

136. Zur Feier des 644. Tors von Lionel Messi für den FC Barcelona (der damalige Rekord für die meisten Treffer eines Spielers für eine Mannschaft) ließ sich die Biermarke Budweiser etwas ganz Besonderes einfallen. Die Brauerei schickte jedem Torhüter, der gegen Messi ein Tor kassiert hatte, eine personalisierte Bierflasche pro Gegentor zu. So erhielt der frühere spanische Nationaltorhüter Iker Casillas 17 Bierflaschen. Die meisten Flaschen wurden Diego Alves zugesendet, der während seiner Zeit bei den Vereinen FC Valencia und UD Almería 21 Gegentore von Messi verkraften musste.

137. Die Vereine Red Bull Salzburg und Rasenballsport Leipzig verbindet eine enge Beziehung. Denn hinter beiden Klubs steht der Getränkehersteller Red Bull. Diese Beziehung ist so eng, dass es schon über 25 Transfers zwischen den beiden Teams gegeben hat. Unter anderem wechselten die Ex-Salzburger Marcel Sabitzer, Peter Gulacsi und Dayot Upamecano von der Mozartstadt nach Leipzig.

138. Der offizielle Spitzname der australischen Nationalmannschaft lautet »Socceroos«.

139. Usain Bolt ist eigentlich Sprinter und hat in dieser Disziplin etliche Weltrekorde aufgestellt. Er gehört wohl zu den größten Sportlern, die unser Planet jemals gesehen hat. Da der Jamaikaner jedoch auch ein bekennender Fußballfan ist, wollte er sich auch in diesem Sport versuchen. Er absolvierte ein PR-Training bei Borussia Dortmund und trainierte zur Probe bei dem norwegischen Erstligisten Strömsgodset IF und bei dem australischen Verein Central Coast Mariners. Für Letztere kam er zwar in einem Testspiel zum Einsatz, für einen Vertrag reichte es allerdings nicht.

140. In der Geschichte des spanischen Pokals »Copa del Rey« konnte tatsächlich ein ausländischer Klub den Titel gewinnen. Dem schottischen Verein Motherwell FC gelang es im Jahr 1927, den spanischen Top-Klub Real Madrid in einem inoffiziellen Finale mit 3:1 zu besiegen.

141. Im Iran dürfen Frauen nur mit Kopftuch Fußball spielen. Zudem dürfen die Spiele der Frauenliga nicht im Fernsehen übertragen werden.

142. Das torreichste WM-Spiel aller Zeiten war jenes zwischen den Ländern Österreich und Schweiz. Das Aufeinandertreffen der beiden Nachbarländer endete mit 7:5 für die Österreicher, die schon nach 23 Spielminuten mit 0:3 zurücklagen.

143. Beim WM-Gruppenspiel zwischen Deutschland und Ghana trafen mit den Brüdern Jérôme Boateng und Kevin Prince Boateng zum ersten Mal in der Geschichte des Wettbewerbs zwei Brüder aufeinander.

144. Es gibt noch einen dritten Boateng. Doch anstatt Fußballprofi zu werden, entschied sich George Boateng für die Straßen von Berlin. Nach einer Prügelei saß er acht Monate lang im Gefängnis. Mittlerweile versucht er sich als Rapper.

145. Um es den gegnerischen Verteidigern zu erschweren, ihn zu stoppen, greift der muskulöse Flügelspieler Adama Traoré zu einem ganz besonderen Trick. Vor dem Spiel reibt sich der Spanier die Arme und Beine mit Babyöl ein. Damit ist es für die gegnerischen Spieler schwieriger, ihn zu fassen.

146. Dieser Trick resultierte mitunter aus dem Umstand, dass sich Adama Traoré in einer Saison viermal die Schulter auskugelte.

147. Die längste Anreisezeit zur ersten Weltmeisterschaft, die 1930 in Montevideo stattfand, hatte Rumänien. Das Land musste mit dem Schiff anreisen und war insgesamt zwei Wochen nach Uruguay unterwegs.

148. Emmanuel Dennis verweigerte die Reise seines Teams FC Brügge zu einem Champions-League-Spiel gegen Borussia Dortmund, da er nicht auf seinem Platz sitzen durfte. Sheldon Cooper lässt grüßen.

149. Die brasilianische Ikone Ronaldo ist Eigentümer des spanischen Vereines Real Valladolid.

150. Zehn Prozent der Einwohner Islands begleiteten ihre Fußballmannschaft 2016 zur Europameisterschaft in Frankreich, wo das Team bis ins Viertelfinale vordrang.

151. Hugo Lloris ließ sich in seinem Vertrag bei Tottenham eine Klausel einbauen, die ihm auch bei Niederlagen eine Prämie von 4.000 € garantiert.

152. Drei Fans aus St. Petersburg begaben sich auf eine 11.512 Kilometer lange Reise quer durch Russland, um das Auswärtsspiel ihres Teams in Wladiwostok zu sehen.

153. Der Honda, mit dem sie ihre Reise bestritten haben, steht heute im Museum von Zenit St. Petersburg.

154. In der Saison 1992/93 gewann der AC Milan die Serie A mit nur 36 erzielten Toren in 34 Spielen. Die Klubs Atalanta Bergamo und Udinese Calcio trafen nur einmal weniger und stiegen ab.

155. In dieser Spielzeit mussten die Mailänder allerdings lediglich 15 Gegentreffer hinnehmen.

156. Der Fußballverein Manchester United hat seit dem Jahr 1937 in jedem Spiel mindestens einen Spieler aus der eigenen Jugend auf dem Platz.

157. Der FC Liverpool beschäftigt seit dem Jahr 2018 mit dem Dänen Thomas Grönnemark einen eigenen Einwurftrainer.

158. Mittlerweile zählen auch die Vereine Ajax Amsterdam, KRC Genk und der FC Midtylland zu seinen Klienten.

159. Die Forest Green Rovers aus England sind der erste klimaneutrale Klub der Welt.

160. Der Verein serviert seinen Spielern ausnahmslos veganes Essen und spielte in der Saison 2020/21 erstmals in einem Trikot aus Kaffeeresten.

161. Kevin-Prince Boateng wechselte in 13 Jahren ganze 15-mal den Verein. So spielte er unter anderem in Italien, Spanien, Deutschland und England.

162. Der Ägypter Ezzeldin Bahader, der beim ägyptischen Drittligisten »Al Ayat Sports« unter Vertrag stand, ist mit einem Alter von 74 Jahren der älteste Profifußballer, der jemals an einem offiziellen Spiel teilgenommen hat. Des Öfteren saßen sogar seine Enkelkinder im Publikum.

163. Zlatan Ibrahimovic hat für sieben verschiedene Vereine gespielt, die allesamt die Champions League gewonnen haben. Er selbst konnte den Wettbewerb jedoch noch nicht gewinnen.

164. Das größte Fußballstadion der Welt ist weder in Spanien noch in England, Italien oder Deutschland zu finden. Das »Stadion Erster Mai« befindet sich in der Stadt Pjöngjang in Nordkorea und hat eine Kapazität von 114.000 Plätzen.

165. Das Nationalteam Nordkoreas trägt seine Spiele jedoch im »Kim-Il-sung-Stadion« aus, in welches lediglich 50.000 Zuschauer passen.

166. Das zweitgrößte Fußballstadion der Welt befindet sich mit dem »Melbourne Cricket Ground« in Australien (Kapazität von 100.024), wird aber vorwiegend für andere Sportarten verwendet. Knapp dahinter befindet sich das Camp Nou in Barcelona, welches 99.354 Fans Platz bietet.

167. Die Entscheidung eines Schiedsrichters in einem Fußballspiel zwischen Peru und Argentinien führte im Jahr 1964 zu einem Aufstand, bei dem über 300 Fans getötet wurden.

168. Youssoufa Moukoko ist der jüngste Debütant in der Geschichte der Champions League. Er löste am 8. Dezember 2020 den nigerianischen Linksverteidiger Celestine Babayaro ab. Bei seinem Debüt in der Königsklasse war Moukoko 16 Jahre und 18 Tage alt.

169. Der jüngste Torschütze in der Champions League ist er jedoch nicht. Diesen Rekord hält Ansu Fati vom FC Barcelona, der bei seinem ersten Treffer 17 Jahre und 40 Tage alt war.

170. Der Deutsche Max Kruse erzählte in einem Livestream auf der Plattform »Twitch«, dass er während seiner Zeit in Istanbul beinahe sein Bett mit einer Sisha-Pfeife abgefackelt habe.

171. Die Ausstiegsklausel des Franzosen Karim Benzema betrug während seiner Zeit bei Real Madrid eine Milliarde und war damit die höchste Ausstiegsklausel im Weltfußball.

172. Der Spitzname von Paul Pogba lautet »Oktopus«.

173. Bei der Fußball-WM 2002 traf der Südkoreaner Ahn Jung-hwan in der Nachspielzeit der Achtelfinal-Begegnung gegen Italien zum 2:1 und warf die Italiener damit aus dem Wettbewerb. Am darauffolgenden Tag gab sein italienischer Verein »AC Perugia« bekannt, dass der auslaufende Kontrakt des Stürmers nicht verlängert werde.

174. Vereinspräsident Luciano Gaucci begründete dies in einem Interview folgendermaßen: »Wer Italien eliminiert, kommt nicht mehr zu uns zurück.«

175. Der Norweger Jone Samuelson traf in einem Ligaspiel aus 57 Metern, also aus der eigenen Hälfte, ins gegnerische Tor – per Kopf.

176. Der italienische Torhüter Gianluigi Buffon gab bei dem 4:0-Sieg Italiens gegen Liechtenstein einem auf das Spielfeld gestürmten Zuschauer während des laufenden Spiels ein Autogramm. Ein Tor kassierte er deswegen nicht.

177. Carlos Kaiser, der eigentlich Carlos Henrique Raposo heißt und aus Brasilien stammt, gelang es ohne großes fußballerisches Talent, bei mehreren Profi-Vereinen unter Vertrag zu stehen. In seiner Laufbahn als Fußball-Profi war er unter anderem bei den brasilianischen Top-Klubs Fluminese, Botafogo und Vasco da Gama angestellt. Zudem soll er auch bei dem französischen Verein FC Ajaccio gespielt haben.

178. Der deutsche Bundestrainer Julian Nagelsmann hört in seiner Freizeit gerne Vereinshymnen. Auf Platz eins steht für ihn »Hala Madrid« von Real.

179. In einem Spiel in der fünften Liga Argentiniens entwickelte sich die hitzige Partie zwischen Claypole und Victoriano Arenas zu einer Massenschlägerei. Der anwesende Schiedsrichter Damian Rubino zeigte allen Spielern auf dem Platz und der Einwechselbank und den beiden Trainern die rote Karte. Insgesamt erteilte er 36 Platzverweise – Weltrekord.

180. Im Jahr 2010 beantragten BVB-Anhänger bei Google Street View die Verpixelung des Schalker Stadions. Die Begründung: Es sei zu hässlich.

181. Während ihrer Zeit in Kaiserslautern ließen es die Spieler Tobias Sippel, Thanos Petsos und Ivo Ilicevic ordentlich krachen. In einer Nacht gingen sie zunächst feiern, rammten anschließend mit dem BMW von Sippel ein parkendes Auto, begangen Fahrerflucht und suchten danach noch ein Bordell auf.

182. Paul Gascoigne gab an, im Jahr 2002 vor einem Spiel dreieinhalb Flaschen Wein, zwei dreifache Brandys und 13 Schlaftabletten zu sich genommen zu haben. An die Begegnung konnte er sich am nächsten Tag nicht mehr erinnern.

183. Nahuel Guzmán vom mexikanischen Klub Tigres UANL sicherte sich in seinem Vertrag eine Klausel, durch welche er den Verein trotz auslaufenden Vertrages verlassen dürfte, sollte Lionel Messi zu seinem Ex-Klub, den Newell's Old Boys, zurückkehren.

184. Doch auch Superstar Messi ließ sich während seiner Zeit beim FC Barcelona eine kuriose Klausel in seinen Vertrag schreiben. Denn sollte die spanische Region Katalonien unabhängig werden und sich vom restlichen Land lösen, dürfte der Argentinier den Klub ablösefrei verlassen.

185. In der Bezirksliga wurde ein Spiel des 1. FC Garmisch-Partenkirchen abgesagt, weil auf dem Spielfeld Unmengen an Fuchskot gefunden worden ist. Laut dem Verein fehlten »Zeit, Personal und Fachwissen«, um die Exkremente zu entfernen.

186. Der schwedische Verein AIK Solna wurde 1998 mit der mickrigen Ausbeute von 25 Treffern schwedischer Meister. So wenige Tore erzielte kein anderes Liga-Team.

187. Vor dem anstehenden FA-Cup Duell des Achtligisten FC Marine gegen den Top-Klub Tottenham Hotspur bekam der Amateurklub Unterstützung der beiden Vereine Liverpool und Everton. Die Klubs stellten dem Underdog, der aus der Nähe von Liverpool stammt, sowohl umfangreiches Videomaterial von Tottenham als auch Trainingsmöglichkeiten auf den Vereinsgeländen beider Vereine zur Verfügung.

188. Recht viel half dies leider nicht, der FC Marine musste sich dem Premier-League-Team mit 0:5 geschlagen geben.

189. Álvaro Morata beförderte im Jahr 2020 den Ball ganze 18 Mal ins Tor. Elf dieser Treffer wurden jedoch aufgrund einer Abseitsstellung wieder zurückgenommen.

190. Benjamin Agüero gilt trotz seines Alters von 15 Jahren als zukünftiger Weltstar. Doch nicht etwa aufgrund seiner fußballerischen Fähigkeiten, sondern vielmehr wegen seiner berühmten Verwandten. Sein Vater ist Sergio Agüero, sein Opa Diego Maradona und sein Taufpate Lionel Messi. Seit 2023 spielt er für die Jugendmannschaft von CA Tigre.

191. Lucas Piazon stand neun Jahre lang beim FC Chelsea unter Vertrag. In dieser Zeit absolvierte er lediglich drei Spiele und wurde siebenmal verliehen.

192. Zlatan Ibrahimovic zwang den Franzosen Pierre Kalulu vor seinem Debüt für den AC Milan dazu, seine Handschuhe auszuziehen, da er den Gegnern ansonsten keine Angst mache.

193. Da der Schiedsrichter bis zur Saison 2019/20 laut Regelwerk »Luft « war, hätte ein Tor eines solchen gezählt.

194. So eine Szene gab es schon einmal in einer niederländischen Amateurliga. Dort traf der Unparteiische Maurice Paarhuis per Abpraller.

195. Der Spanier David Barral ist der erste Spieler, der mit Kryptowährung verpflichtet wurde. Der spanische Drittligist Internacional de Madrid finanzierte den Transfer vermutlich mit Bitcoins.

196. Newport Countys Torhüter Tom King erzielte in der vierthöchsten Spielklasse Englands ein Tor per Abstoß. Er traf aus exakt 96,01 Metern.

197. Die meisten aufeinanderfolgenden Hattricks hat der Japaner Masashi Nakayama 1998 gemacht. Er traf in vier aufeinanderfolgenden Spielen mindestens dreimal. In den vier Spielen kam er auf insgesamt 16 Tore.

198. Celtic Glasgow besiegte den FC Barcelona im Jahr 2012 mit lediglich 11% Ballbesitz.

199. Das Empire Stadium war bis 1981 das Nationalstadion Maltas. Die Spielstätte verfügte über 30.000 Zuschauerplätze und hatte einen hartgewalzten Sandplatz als Spielfläche. Sie brachte dem Stadion den Spitznamen »Hölle von Gżira« ein.

200. **Die Empfehlung**
Der Name Ali Dia ist den meisten Leuten wahrscheinlich unbekannt. Auch für Southampton-Trainer Graeme Souness war Ali Dia bis zum Jahr 1996 ein Unbekannter. In diesem Jahr bekam Souness vom ehemaligen FIFA-Weltfußballer und liberianischen Nationalspieler George Weah einen Tipp: Sein Cousin Ali Dia sei ein vielversprechendes junges Talent. Er habe bereits 13 Einsätze für die senegalesische Nationalmannschaft und einige Spiele für Paris St.-Germain absolviert und sei gerade auf der Suche nach einem neuen Verein.

Souness wollte schnell sein und Dia verpflichten, bevor ihm ein anderes Team zuvorkommen konnte. Ein Vertrag für einen Monat wurde ausgestellt, immerhin wollte er seinen Neuzugang trotzdem zuerst noch kennenlernen, bevor er ihm einen längerfristigen Vertrag ausstellte. Am 23. November 1996 spielte der FC Southampton gegen Leeds United. Ali Dia saß auf der Ersatzbank, er sollte eigentlich erst in der Reservemannschaft eingesetzt werden, aber einige verletzungsbedingte Ausfälle ermöglichtem ihm sein Debüt gegen Leeds. In der 32. Minute wurde er für Matthew Le Tissier eingewechselt und konnte sein Talent zeigen. Den Trainer konnte er aber nicht überzeugen: In der 85. Minute, also nach 53 Minuten Spielzeit, wurde er wieder ausgewechselt. Souness war von der schlechten Leistung Dias so erschüttert, dass dessen Vertrag schon nach einem Spiel aufgelöst wurde.

Irgendjemand hat sich mit Souness und Southampton wohl einen Streich erlaubt, denn der George Weah, der ihm Ali Dia empfohlen hatte, war nicht der echte George Weah. Es hat sich schlicht und ergreifend einfach jemand als Weah ausgegeben. Und Ali Dia war weder ein Akteur der senegalesischen Nationalmannschaft noch ein Spieler für Paris St.-Germain.

201. Bert Trautmann spielte im Jahr 1956 in dem Finale des FA-Cups 20 Minuten lang mit einem Genickbruch.

202. Marco Asensio verpasste im Jahr 2017 ein Spiel seines Vereins Real Madrid, weil sich ein Pickel beim Rasieren seines Beines entzündet hatte.

203. Der brasilianische Fußball-Profi Hulk trennte sich im Juli 2019 von seiner Frau, mit der er 12 Jahre lang zusammen war und mit der er drei Kinder hat. Ein Jahr später bestätigte er, dass er sich mit der Nichte seiner Ex-Frau verlobt habe.

204. Cristiano Ronaldo erhält beim saudi-arabischen Verein Al-Nassr ein Jahresgehalt von etwa 200 Mio. Euro. Das sind ca. 16 Mio. Euro pro Monat, 760.000 Euro pro Tag, 96.000 Euro pro Stunde, 1.600 Euro pro Minute und 26 Euro pro Sekunde.

205. Der FC Southampton verlor innerhalb eines Jahres zweimal mit 0:9. Das erste Mal gegen Leicester City, das zweite Mal gegen Manchester United.

206. Bei beiden Niederlagen war Ralph Hasenhüttl der Trainer. Entlassen wurde er trotz der Debakel nicht.

207. Ajax Amsterdam verpasste es 2020/21, seinen Rekordneuzugang Sebastien Haller, für den 22,5 Millionen Euro gezahlt worden waren, für die Europa League zu nominieren.

208. Der 39-Jährige Torhüter Nelson Ramos traf in der zweiten kolumbianischen Liga in drei aufeinanderfolgenden Spielen per Freistoß.

209. Der SC Freiburg brauchte für 700 Bundesliga-Spiele lediglich vier Trainer. So viele entließ der FC Schalke 04 in der Saison 2020/21.

210. Der Weltrekordhalter Sebastián Abreu spielte für die meisten Vereine überhaupt. In seiner Karriere stand er bei 31 verschiedenen Klubs unter Vertrag.

211. Der ehemalige uruguayische Nationalspieler absolvierte in seiner Laufbahn als Fußball-Profi über 830 Pflichtspiele, in denen er über 430 Tore erzielte. Darüber hinaus wurde er in verschiedenen Ligen elf Mal Torschützenkönig.

212. Der Ex-Schalke-Spieler Donis Avdijaj wurde zu 40 Stunden Sozialdienst verurteilt, weil er Polizisten als »Schlaumeier« beschimpft hatte und sich hinterher über deren Gehalt lustig gemacht haben soll.

213. Das erinnert an den Spruch von Marko Arnautovic, der vor einem Polizisten damit prahlte, dass er »genug verdiene, um sich dessen Leben zu kaufen.«

214. Arnautovic brachte im Jahr 2020 einen eigenen Gin auf den Markt. Dieser trägt den ausgefallenen Namen »Arnautovic Gin«.

215. Die ehemalige Fußballprofi Paolo Maldini blieb dem Sport auch nach seiner Karriere treu, jedoch wechselte er zu der Sportart Tennis. Im Jahr 2017 nahm er mit mittlerweile 49 Jahren erstmals an einem Challenger-Turnier teil.

216. Dieses verlief jedoch wenig erfolgreich, gemeinsam mit seinem Trainer Stefano Landonio unterlag er im Doppel dem Polen Tomasz Bednarek und dem Niederländer David Pel mit 1:6 und 1:6.

217. Auch der Uruguayer Diego Forlán wäre fast Tennis-Profi geworden. In seiner Jugend war er ein erfolgreicher und talentierter Spieler, schlussendlich entschied er sich jedoch für den Fußball.

218. Diese Entscheidung machte sich bezahlt. Forlan gewann den goldenen Ball der Weltmeisterschaft 2010, zweimal den goldenen Schuh der UEFA und erhielt sogar das Ritterkreuz des Orden de Isabel la Católica.

219. Der Sohn von Weltmeister Stefan Reuter heißt Stefan Reuter.

220. Bis zum Jahr 1913 trugen Torhüter Trikots mit dergleichen Farbe wie die Feldspieler.

221. Joey Barton ist den meisten Premier-League-Fans für folgende Dinge bekannt: Schlägereien, Alkohol und Skandale. So wettete er einst gegen seine eigene Mannschaft, verprügelte Mitspieler und trank regelmäßig Alkohol. Im Jahr 2004 steckte er sogar einem Jugendspieler eine Zigarre ins Auge.

222. Da ihn einst eine Kamera dabei filmte, wie er zusammen mit zwei anderen Personen einen Passanten zusammenschlug, wurde Barton sogar zu einer halbjährigen Haftstrafe verurteilt. Nach 74 Tagen wurde er frühzeitig entlassen.

223. Beim ersten Gruppenspiel der WM 2018 zwischen Kroatien und Nigeria verweigerte Angreifer Nikola Kalinić seine Einwechslung. Daraufhin suspendierte ihn der kroatische Verband und schickte den Stürmer umgehend nach Hause. Kalinic bereut seine Entscheidung vermutlich, denn ohne ihn erreichten die Kroaten das WM-Finale, der bisher größte fußballerische Erfolg des Landes.

224. Im Jahr 2014 wurde Marco Reus dabei erwischt, wie er ohne Führerschein am Steuer eines Aston Martins saß. Dabei kam heraus, dass Reus zwischen 2011 und 2014 mehrmals ohne Fahrerlaubnis ein Auto lenkte.

225. Anfang Juli 2013 gründete die TSG 1899 Hoffenheim mit der »Trainingsgruppe 2« ein umstrittenes Projekt. In dieser sollten jene Profis trainieren, die beim Trainer in Ungnade gefallen sind und keine Rolle mehr spielten. Zu dieser gehörten die Profis Tobias Weis, Edson Braafheid, Eren Derdiyok, Matthias Jaissle, Mathieu Delpierre, Afriyie Acquah und Tim Wiese.

226. Tim Wiese schlug wenige Zeit später eine Karriere als WWE-Wrestler ein.

227. Cristiano Ronaldo beschäftigt einen eigenen Schlaftrainer.

228. Der portugiesische Superstar schläft nach einem ganz eigenen Prinzip: Er schlummert nämlich fünfmal am Tag für jeweils 90 Minuten. Das alles in Embryohaltung auf stets frisch überzogenem Bett.

229. Seine Freundin Georgina Rodriguez verbietet dem Portugiesen, die Glühbirnen zu wechseln, weil dies zu gefährlich für ihn sei.

230. Der ehemalige brasilianische Nationalspieler Kaká erhielt seinen Spitznamen, weil sein Bruder dessen eigentlich Namen »Ricardo« nicht aussprechen konnte und ihn deswegen »Caca« nannte.

231. Lev Yashin ist der bislang einzige Torhüter, der den »Ballon d'Or« gewinnen konnte. Er gewann die Auszeichnung im Jahr 1963.

232. Levin Öztunali ist der Enkel von Uwe Seeler.

233. Der englisch-nigerianische Fußballprofi Saheed Adebayo Akinfenwa galt als »stärkster Fußballprofi der Welt«. Er ist Hobbybodybuilder und bringt bei einer Größe von 1,80 Metern ganze 100 kg Muskelmasse auf die Waage.

234. Akinfenwas Spitzname lautet deswegen wenig verwunderlich »The Beast«. Heute ist er als Influencer und Content-Creator aktiv.

235. Der größte Fußball-Profi der Welt und aller Zeiten ist der Belgier Kristof Van Hout. Der Torhüter misst unglaubliche 2,07 Meter.

236. Als kleinster Spieler der Geschichte des Fußballs wird der Brasilianer Elton gewertet, der gerade einmal 1,53 Meter groß ist.

237. Wenn es besonders heiß ist, verliert ein Fußballprofi während eines Spiels etwa fünf Liter Flüssigkeit.

238. Die türkische Süper Lig stellte bei der EM 2016 mit 36 Spielern zwei mehr als die spanische Primera Division.

239. Die Kader der Länder Island und Nordirland bestanden bei der EM aus Spielern von 22 verschiedenen Vereinen.

240. Die bislang einzigen olympischen Goldmedaillen, die Uruguay in seiner Landesgeschichte je gewonnen hat, sicherte sich das Land im Fußball. Diese Erfolge verbuchte Uruguay in den Jahren 1924 und 1928.

241. Mit Kosten von über 200 Milliarden US-Dollar war die Weltmeisterschaft 2022 in Katar die teuerste aller Zeiten.

242. Zum Vergleich: Auf dem 2. Platz liegt die WM 2014, die Gastgeber Brasilien »nur« 15 Milliarden US-Dollar kostete.

243. Bei der WM 2018 in Russland wurden zum ersten Mal überhaupt Video-Schiedsrichter eingesetzt.

244. Die ehemaligen Liverpool-Akteure Robbie Fowler und Steve McManaman gründeten mit der »Macca and Growler Partnership« ein Unternehmen, das sich mit Rennpferden beschäftigt.

245. Das erfolgreichste Rennpferd der beiden Pferdefans hört auf den Namen »Seebald« und gewann im Jahr 2003 das Turnier »Queen Elizabeth The Queen Mother Celebration Chase«.

246. Da Will Grigg während seiner Zeit beim Verein Wigan Athletic in der dritten englischen Liga Torschützenkönig wurde, widmete ihm der Wigan-Fan Sean Kennedy eine eigene Hymne. Zur Melodie des Songs »Freed from Desire« der Sängerin Gala aus dem Jahr 1996 veröffentlichte Kennedy die Hymne »Will Grigg's on fire«. Der Song landete Ende Mai 2016 in den Top Zehn der iTunes-Bestenliste.

247. Doch nicht nur Fans sind musikalisch begabt. Des Öfteren greifen auch Fußballer selbst zum Mikro. So veröffentlichten unter anderem der Holländer Memphis Depay, der Österreicher David Alaba und auch der Spanier Sergio Ramos eigene Werke.

248. Nicht zu vergessen ist auch »Das tragische Dreieck«. Während das »magische Dreieck«, bestehend aus Krassimir Balakow, Giovane Élber und Fredi Bobic, den VfB Stuttgart in der Saison 1996/97 zum Pokalsieg schoss, sorgte Bobic mit seinen Teamkollegen Marco Haber und Gerhard Poschner für musikalische Unterhaltung. Größter (und einziger) Hit: die Hip-Hop-Hymne »Steh auf (Eo Amama Eo)«.

249. Superstar Neymar wurde bei der WM 2014 in Brasilien vom Kolumbianer Juan Zuniga so heftig gefoult, dass er um ein Haar im Rollstuhl gelandet wäre.

250. Javier Mascherano ist der erste Argentinier überhaupt, der zwei Goldmedaillen bei den Olympischen Spielen errungen hat. Er wurde sowohl im Jahr 2004 als auch im Jahr 2008 mit Argentinien Olympiasieger im Fußball.

251. Die Finalspiele des spanischen Supercups wurden im Jahr 2018 in Marokko und im Jahr 2019 in Saudi-Arabien ausgetragen.

252. Gerd Müller trug in seiner Karriere stets Schuhgröße 41, obwohl er eigentlich 38 hatte. Er begründete dies damit, sich so schneller drehen zu können.

253. Bei der EM 2008 gelang es Griechenland als erstem Titelverteidiger überhaupt, all seine Spiele zu verlieren.

254. Mario Balotellis Hausschwein hört auf den Namen »Super«.

255. Der Fußballverein Aston Villa hat seinen Spielern verboten, das Spiel »Fantasy Premier League« zu spielen, weil sie darüber die Verletzung von Jack Grealish verraten hatten.
256. Die Verletzung Grealishs fiel den Fans deswegen auf, weil zahlreiche Stars von Aston Villa den Profi aus ihrem Fantasy-Team nahmen.

257. Der 15-Jährige Däne Anders Vejrgang gewann in der Fußballsimulation FIFA 21 ganze 536 Spiele am Stück.

258. Der Gothia Cup ist ein Fußballturnier für Jugendliche, das jedes Jahr stattfindet. Es ist bekannt für die hohe Anzahl an Teilnehmern. Zum 40. Jubiläum des Turniers nahmen 2014 ganze 1.650 Mannschaften und 37.400 Spieler aus 73 Ländern teil. Im Jahr 2017 waren es sogar 1.730 Teams aus 82 Nationen. Aus organisatorischen Gründen können nun nicht mehr alle Teams angenommen werden, die sich anmelden.

259. Nottingham Forest wählte für die Anreise zum Spiel beim nur 217 Kilometer entfernten Gegner Blackpool das Flugzeug. Die Flugzeit betrug nur 20 Minuten. »Das ist, so denke ich, völlig normal«, erklärte Forests Trainer Steve Cooper im Anschluss.

260. Erwin Tumiri überlebte das Flugzeugunglück des brasilianischen Vereins Chapecoense im Jahr 2016 als einer von nur sechs. Wenige Jahre später geriet er in ein schweres Busunglück in Bolivien mit über 20 Toten, bei dem der Bus über 150 Meter in die Tiefe gestürzt ist. Tumiri überlebte erneut.

261. Irina Shayk, die ehemalige Freundin Cristiano Ronaldos, forderte ihre Follower auf Instagram dazu auf, ihr zu entfolgen, wenn diese sie nur wegen des portugiesischen Superstars kennen würden. Über Nacht verlor das Model mehr als 11 Millionen Abonnenten.

262. Das Fassungsvermögen des DFB-Pokals beträgt acht Liter.

263. Das Fassungsvermögen des Champions-League-Pokals beträgt hingegen 15 Liter.

264. Um die aktuelle Champions-League-Trophäe fertigzustellen, benötigte der Konstrukteur 340 Stunden.

265. Eines der besten Frauen-Fußball-Teams der Schweiz heißt BSC Young Boys.

266. Die Durchschnittsgeschwindigkeit einer La-Ola-Welle beträgt 40 Kilometer pro Stunde.

267. Bojan Krkić ist mit einem Alter von 17 Jahren und 217 Tagen der jüngste Spieler, der je in einem K.O.-Spiel der Champions League getroffen hat.

268. Bei seinem Debüt in der deutschen Nationalmannschaft erhielt Jérôme Boateng die rote Karte.

269. Auf der Hochzeit von Michael Ballack hat Elton John gesungen.

270. Der Kolumbianer Gerardo Bedoya hält den Rekord für die meisten Platzverweise der Geschichte. In seiner Karriere flog er 46 Mal vom Platz.

271. Guy Acolatse wechselt 1963 als erster schwarzer Fußballer aus Togo nach Deutschland.

272. Der Schweizer Johan Vonlanthen ist mit einem Alter von 18 Jahren und 141 Tagen der jüngste Torschütze der EM-Geschichte.

273. In der Premier-League-Saison 2015/16 kam es zum ersten Mal vor, dass das erste Tor der Saison ein Eigentor war. Kyle Walker traf gegen Manchester United ins eigene Netz.

274. Obwohl der FC Chelsea in der Saison 2014/15 ungeschlagen in der Champions-League war, schieden die »Blues« schon im Achtelfinale aus.

275. Das erste Basketball-Spiel überhaupt wurde mit einem Fußball gespielt.

276. Der Ausdruck »Soccer« ist eine Abkürzung für den Begriff »Association of football«.

277. Den schnellsten Hattrick der Bundesligageschichte erzielte Michael Tönnis innerhalb von nur fünf Minuten.

278. Der ivorische ASEC Abidjan Club of Cote D'Ivoire blieb zwischen 1989 und 1994 108 Spiele in Folge ungeschlagen.

279. Der FC Sheffield ist der älteste Fußball-Klub überhaupt. Er wurde am 24. Oktober 1857 gegründet.

280. Mittlerweile ist der Klub jedoch nicht mehr im Profi-Fußball vertreten.

281. Als ältester Profiverein der Welt gilt Notts County, gegründet 1862.

282. Der schwedische Duden hat das Verb »zlatanieren« in den Wortschatz aufgenommen. Der Begriff ist ein Synonym für »dominieren« und eine Anlehnung an den Schweden Zlatan Ibrahimovic.

283. Seit dem Jahr 1997 findet der »RoboCup« statt. Das Turnier ist eine Weltmeisterschaft, bei der Roboter gegeneinander Fußball spielen.

284. Erst drei Jahre, nachdem die ersten Fußballregeln eingeführt wurden, verbot man das Handspiel.

285. Der ehemalige Bayern-Profi Breno wurde am 4. Juli 2012 wegen schwerer Brandstiftung zu drei Jahren und neun Monaten Haft verurteilt.

286. In der Saison 2012/13 gewann der österreichische Regionalligist FC Pasching den österreichischen Pokal.

287. Auf dem Weg zum Titel eliminierte der Amateur-Verein drei Bundesligisten: Die beiden Wiener Vereine Austria und Rapid wie auch Red Bull Salzburg.

288. In der darauffolgenden Saison durfte der FC Pasching auch in der Qualifikation zur Europa-League antreten, wo der Klub jedoch gegen den portugiesischen Vertreter GD Estoril Praia ausschied.

289. Die beiden Schauspieler Ryan Reynolds und Rob McElhenney halten gemeinsam 100 Prozent der Anteile des walisischen Traditionsklubs Wrexham AFC.

290. Doch auch in Amerika ging 2022 ein Klub an den Start, hinter welchem höchst prominente Eigentümer stehen. So besteht das Konsortium des kalifornischen Klubs »Angel City FC« unter anderem aus der Schauspielerin Natalie Portman, der Tennis-Legende Serena Williams und der früheren Fußballerin Mia Hamm.

291. Der Fußball-Profi mit den meisten Abonnenten auf der Plattform »Instagram« ist Cristiano Ronaldo. Ihm folgen dort 613 Millionen Menschen.

292. Guus Hiddink erreichte als Nationaltrainer Südkoreas mit seinem Team den vierten Platz bei der Heim-WM 2002. Als Dank erhielt er von der koreanischen Fluglinie Korean Air vier Jahre lang Flugtickets für die 1. Klasse.

293. Fußball ist der Nationalsport von mehr als 120 Ländern.

294. Im Jahr 2021 verlor der FC Liverpool zum ersten Mal überhaupt sechs aufeinanderfolgende Spiele im eigenen Stadion.

295. Zuvor hatten sie 68 Ligaspiele in Folge nicht verloren.

296. Ältester Spieler der EM-Quali-Geschichte ist Lee Casciaro. Er kam mit 41 Jahren für Gibraltar zum Einsatz.

297. Patrice Evra ist der einzige Spieler, der in seiner Karriere vier Champions League Finalspiele verloren hat.

298. 2004 verlor er mit dem AS Monaco gegen den FC Porto, 2009 und 2011 mit Manchester United gegen den FC Barcelona und 2015 mit Juventus Turin gegen den FC Barcelona.

299. Nur einmal konnte er den Titel einheimsen, dies war in der Saison 2007/08 mit Manchester United gegen den FC Chelsea.

300. **Sieben tote Katzen**

Was haben sieben tote Katzen mit Fußball zu tun? Auf den ersten Blick recht wenig – doch der argentinische Fußballverein Racing Club de Avellaneda verdankt ihnen die wohl schlimmsten Jahre seit seinem Bestehen.

Die beiden Fußballvereine Racing Club de Avellaneda und CA Independiente verbindet schon lange eine tiefe Feindschaft. Die beiden Klubs hassen sich bis aufs Blut und würden alles dafür tun, um dem Rivalen eins auszuwischen.

Die Geschichte der sieben toten Katzen begann im Jahr 1976, und zwar an jenem Tag, an dem Racing im Finale des Weltpokals gegen Celtic Glasgow gewann. Independiente ging in diesem Jahr leer aus und wollte sich bei seinem Rivalen rächen. Noch während die Anhänger Racings den Erfolg feierten, brachen Fans von Independiente in das Stadion des Konkurrenten ein. Dort vergruben sie sieben schwarze Katzen. Dies sollte Racing so lange Pech bringen, bis die letzte Katze ausgegraben war. Racing fühlte sich verflucht, der Aberglaube ist in Südamerika weit verbreitet. Aus Angst vor dem Fluch taten die Verantwortlichen alles, um die toten Katzen zu finden. Der Präsident ließ das Stadion umgraben und rief sogar Zauberer und Priester zur Hilfe. Es dauerte, bis man die Katzen fand. Doch die Zeit drängte.

Die nächsten 35 Jahre wurde Racing nicht Meister und kämpft ums Überleben. 1999 stand der Verein kurz vorm Bankrott. Im Laufe der nächsten Jahre fand man sechs der Katzen. Erst im Jahr 2001, nachdem das Stadion erneut umgegraben wurde, fand man das Skelett der siebten Katzen in einem Wassergraben. Der Fluch war besiegt, noch im gleichen Jahr wurde Racing wieder Meister. Wie viel solch ein paar Katzen doch ausmachen können …

301. Ryan Giggs wurde in der Premier League 134-mal ausgewechselt. Das ist bis heute Rekord.

302. Rafael van der Vaart durfte während seiner Zeit bei Betis Sevilla keine roten Schuhe tragen, da Rot die Farbe des Rivalen FC Sevilla ist.

303. Der Honduraner Maynor Figueroa hat nur drei Zehen an seinem linken Fuß.

304. Die DDR gewann ihr letztes Länderspiel am 12. September 1990 mit 2:0 gegen Belgien.

305. Dies war etwas überraschend, weil ein großer Teil der damaligen Stammspieler für dieses Match abgesagt hatte.

306. Nach der Wiedervereinigung spielten in der deutschen Bundesliga eine Saison lang 20 Mannschaften.

307. Im Jahr 2006 spielte Alemania Aachen sowohl in der Europa League als auch in der zweiten deutschen Bundesliga.

308. Das Copa del Rey Finale für die Saison 2019/20 fand am 3. April 2021 statt, das Copa del Rey Finale für die Saison 2020/21 am 17. April 2021.

309. In beiden Endspielen war der baskische Verein Athletic Bilbao vertreten.

310. Der irische Nationalspieler James McClean machte 2023 als erster Fußballprofi überhaupt seine Autismus-Diagnose öffentlich. Er wolle damit seine autistische Tochter Willow-Ivy unterstützen. »Ich will sie wissen lassen, dass ich sie verstehe und dass Autismus sie nicht davon abhalten wird und sollte, ihre Ziele und Träume zu erreichen«, erklärte er.

311. Der FC Barcelona ist der erste Klub in der Geschichte der spanischen Liga, der in einer einzigen Saison drei Torschützen unter 19 Jahren hatte.

312. In der Saison 2020/21 trafen die damals 17-Jährigen Ansu Fati und Pedri, wie auch der 18-Jährige Ilaix Moriba.

313. Moriba war erst zwei Jahre alt, als Lionel Messi seinen ersten La Liga Titel gewann.

314. Der ehemalige Barcelona-Akteur Laszlo Kubala spielte in seiner Karriere für die tschechoslowakische, die ungarische und die spanische Nationalmannschaft.

315. Geboren wurde er in Budapest als Sohn einer ungarisch-slowakischen Mutter und eines slowakisch-polnischen Vaters.

316. RB Leipzig war der erste deutsche Verein überhaupt, der im Vereinsnamen den Zusatz »Rasenballsport« benutze.

317. Mittlerweile gibt es einen weiteren Verein, der diesen Ausdruck benutzt. Der niedersächsische Verein TuS Lingen spielte nach seiner Insolvenz mit dem Zusatz »RB Lingen«. Der Klub ist jedoch kein Profi-Klub.

318. Einige Fans des Fußballvereins Manchester United fassen die Kurzform »ManU« als Beleidigung auf. Dies liegt an der Nähe zum englischen Ausdruck »manure«, der auf deutsch soviel wie »Dünger« oder »Mist« bedeutet.

319. Rekordspieler der englischen Premier League ist Gareth Barry. Dieser kam in seiner Karriere zu 653 Einsätzen in der höchsten Spielklasse Englands, in der ihm 52 Tore gelangen.

320. Aktiv war er in seiner Karriere für die Vereine West Bromwich Albion, FC Everton, Manchester City und Aston Villa.

321. Fußballspieler laufen im Durchschnitt 9,65 km pro Spiel.

322. Der ehemalige deutsche Nationalspieler Marco Bode wurde 1995 während seines Besuches bei Nelson Mandela mit den Worten »Sie sehen ja aus wie Steffi Graf« empfangen.

323. Die Vokuhila-Frisur heißt auf italienisch »capelli alla tedesca« (Haare nach deutschem Stil), auf Niederländisch »duitse mat« (Deutsche Matte) und auf französisch »coiffure de footballeur allemand« (Frisur des deutschen Fußballspielers).

324. Der Clericus Cup ist die Fußballmeisterschaft des Vatikans, welche im Jahr 2007 zum ersten Mal ausgetragen wurde. In diesem Wettbewerb treten 16 Mannschaften gegeneinander an, gespielt wird jedoch mit etwas angepassten Regeln.

325. Die Spielzeit beträgt lediglich 2 x 30 Minuten. Neben der gelben und der roten Karte gibt es auch noch eine blaue, die eine fünfminütige Zeitstrafe zur Folge hat. Sonntagsspiele sind verboten.

326. Die 16 Mannschaften bestehen aus Ordensmännern und Novizen römischer Ordensniederlassungen oder Absolventen des päpstlich römischen Priesterseminars oder -kollegs.

327. Das Finale findet im römischen Olympiastadion statt.

328. Der Kameruner Alex Song hat 27 Geschwister. 17 Schwestern und 10 Brüder. Er selbst gab in einem Interview an, dass er nicht alle aufzählen könne.

329. Sein Cousin Rigobert Song ist mit 137 Einsätzen der Rekordnationalspieler Kameruns.

330. Gretar Steinsson unterschrieb bei den Bolton Wanderers einst einen Vertrag bis zum Jahr 20.014. »Eigentlich wollte der Verein mir nur einen Einjahresvertrag anbieten. Ich bin glücklich, dass es dann doch die vollen 18.000 Jahre geworden sind,« resümierte der Profi die Panne.

331. Bei der Quali-Partie für den Afrika Cup zwischen Tansania und Uganda wurden in der ersten Halbzeit 36 Minuten nachgespielt. Schuld daran war eine defekte Stromanlage.

332. Das letzte Mal, als beide Finalisten des Europapokals der Landesmeister/ Champions League nur einheimische Spieler in deren Startelf hatten, war in der Saison 1966/67. Damals standen sich Celtic Glasgow und AC Milan gegenüber.

333. Im Jahr 2027 muss die Meisterschale der deutschen Bundesliga vergrößert werden, weil kein Platz für neue Gravierungen mehr sein wird.

334. Pepe hat bis zum Alter von 17 Jahren im Bett seiner Mutter geschlafen.

335. Philipp Lahm hat in seiner Karriere keine einzige rote Karte erhalten.

336. Er entschied sich gegen einen Wechsel von seinem Jugendverein FT Gern zum TSV 1860 München, da er dort bei einem Probetraining Löcher im Fangzaun hinter den Toren sah.

337. Die längste Amtszeit als Trainer der deutschen Nationalmannschaft hatte Sepp Herberger. Er war 10.385 Tage lang Nationaltrainer Deutschlands, dabei kommt er auf 169 Spiele.

338. In Ägypten gab es einen Fußballverein namens »Coca-Cola FC«. Mittlerweile heißt der Klub »Future FC«.

339. Pal Dardai war gleichzeitig Trainer von Hertha BSC Berlin und der ungarischen Nationalmannschaft.

340. Im Jahr 2021 fand zum ersten Mal seit 2005 ein Champions-League-Viertelfinale statt, in welchem weder Lionel Messi noch Cristiano Ronaldo beteiligt waren.

341. Da viele den Vornamen von Zvjezdan Misimovic nicht aussprechen konnten, wurde er einfach »Zwetschge« genannt.

342. In seiner Karriere verbrachte Misimovic auch einige Zeit beim chinesischen Verein »BJ Renhe«. Da die Chinesen allerdings auch ihre Probleme beim Aussprechen des Namens »Zwetschge« hatten, wurde er dort zumeist nur Michi genannt.

343. Fabien Barthez war nach seiner Karriere als Fußballer im Motorsport aktiv.

344. Der ehemalige Nationaltorhüter der USA Tim Howard leidet seit seiner Kindheit am Tourette-Syndrom.

345. Um seinen Wechsel zu erzwingen, drohte William Gallas dem FC Chelsea, ein Eigentor zu schießen, sollte er nicht die Freigabe erhalten.

346. Gallas ist zudem der erste Spieler, der bei allen drei englischen Hauptstadtvereinen, Arsenal, Chelsea und Tottenham Hotspur, unter Vertrag stand.

347. Der nordirische Klub Linfield FC ist der Klub mit den meisten Titel im europäischen Fußball. Der Verein kann insgesamt 56 vorweisen.

348. Im Jahr 2018 wurde mit dem italienischen Klub Rimini FC der erste Verein mit Bitcoins gekauft.

349. Der englische Nationalstürmer Tammy Abraham hat einen Bruder namens Timmy.

350. Tammy Abraham heißt eigentlich Kevin Oghenetega Tamaraebi Bakumo-Abraham. Der Name seines Bruders lautet Jason Timiebi Ogheneobrucheme Bakumo-Abraham.

351. Kingsley Coman gewann in jedem Jahr als Profi einen Titel.

352. Eines der schnellsten Tore der Geschichte wurde von Ricardo Oliveira im Dezember 1998 geschossen. Nach nur 2,8 Sekunden fiel bereits der Treffer.

353. Breel Embolo trinkt am Abend vor einem Spiel stets zwei Flaschen Wasser.

354. Robert Lewandowski ging während seiner Zeit bei Borussia Dortmund eine Wette mit dem damaligen Trainer Jürgen Klopp ein, die ihm 50 € pro zehn Trainingstreffern zusprach. Nach wenigen Wochen beendete Klopp die Wette.

355. In der Saison 2015/16 spielten zum ersten Mal überhaupt fünf Vereine aus einem Land in der Champions League. Damals waren das die spanischen Klubs FC Barcelona, Real Madrid, Atlético Madrid, FC Valencia und FC Sevilla.

356. Mit Ausnahme von Kevin-Prince Boateng, Tamas Hajnal und Felipe Santana sind alle Spieler, die sowohl für Borussia Dortmund als auch für Schalke 04 gespielt haben, Deutsche.

357. Lionel Messi hat mit 43 eine größere Schuhgröße als Cristiano Ronaldo (41,5).

358. Der ehemalige Premier League-Stürmer Nwankwo Kanu trägt bei einer Körpergröße von 1,97 m die Schuhgröße 49,5.

359. Ousmane Dembélé erhielt vom FC Barcelona einen eigenen Koch, da sich der Franzose zu ungesund ernährte.

360. Fünf Monate später feuerte Dembélés Berater den Koch.

361. Der jüngste WM-Trainer überhaupt ist Juan José Tramutola. Er war bei der Weltmeisterschaft 1930 mit 27 Jahren Trainer seines Heimatlandes Argentinien.

362. Thierry Henry spielte in seiner Anfangszeit bei Juventus Turin teilweise als Außenverteidiger.

363. Daniel Agger, der früher beim FC Liverpool unter Vertrag stand, besitzt ein Unternehmen mit dem klingenden Namen »KloAgger«.

364. Eine Vertragsklausel sicherte ihm sogar acht Bandenwerbungen pro Heimspiel zu.

365. Der Cousin von Dimitar Berbatov ist internationaler Meister im Schach.

366. George Weah gewann nicht nur den Ballon d'Or, sondern war auch bis Januar 2024 Präsident seines Heimatlandes Liberia.

367. Der Trauzeuge von Luka Modrić war sein kroatischer Teamkollege Vedran Ćorluka.

368. Arsenal-Profi Héctor Bellerín kündigte im Jahr 2020 an, für jeden Sieg seines Klubs 3.000 Bäume zu pflanzen.

369. Der Pole Jakub Błaszczykowski spielte für seinen Verein Wisla Krakau für lediglich 500 Zloty (116 Euro) pro Monat.

370. Dieses Geld spendete er in Form von Eintrittskarten an Waisenkinder.

371. Das Fußballspiel mit der höchsten offiziellen Zuschauerzahl fand in Brasilien statt. Beim WM-Finale im Jahr 1950 kämpften Brasilien und Uruguay im Maracana um den Titel. 173.850 Fans sollen das Spiel im Stadion miterlebt haben.

372. Manche Quellen berichten auch von über 200.000 Zusehern.

373. Den inoffiziellen Rekord hält das »White Horse Final« aus dem Jahr 1923. Beim FA-Cup-Finale zwischen den Bolton Wanderers und West Ham United sollen mehr als 250.000 Besucher ins Stadion gekommen sein.

374. Das hatte zu einem großen Teil den Grund, dass König George V. anwesend war, um die Trophäe zu überreichen.

375. Während der WM 2010 in Südafrika machte sich der Krake Paul einen Ruf als Fußball-Orakel. Er sagte alle Spiele mit deutscher Beteiligung korrekt voraus.

376. Er lebte im »Sea Life Centre« in Oberhausen und wurde zum Ehrenbürger der spanischen Gemeinde Carballiño ernannt. Nach seinem Tod wurde in Oberhausen ein Denkmal für den Oktopus errichtet.

377. Alvin Martin, der damals für West Ham United spielte, gelang es, in einem Spiel gegen drei verschiedene Torhüter zu treffen.

378. Petr Čech gab 565 Tage nach seinem eigentlichen Karriereende sein Comeback für die U23-Auswahl des FC Chelsea. Nach seiner aktiven Karriere war er eigentlich als Berater für den Londoner Klub tätig, jedoch wurde er von Frank Lampard für den Notfall auch für den Premier-League-Kader registriert. In der U23 dürfen drei Spieler über 23 Jahren eingesetzt werden.

379. Der Däne Nicklas Bendtner bejubelte bei der Europameisterschaft 2012 einen Treffer, indem er sein Trikot hochzog und seine Unterhose entblößte. Auf dieser war der Schriftzug einer Wettfirma zu sehen.

380. Dem Türken Sükrü Gülesh gelangen in seiner Karriere 32 direkt verwandelte Eckball-Tore.

381. Beim Spiel zwischen dem SV Darmstadt und den Würzburger Kickers hatten die Corona-gebeutelten Gäste nur drei Auswechselspieler im Gepäck. So wurde der eigentliche Torhüter Eric Verstappen in der Schlussphase als Feldspieler eingewechselt.

382. Gareth Bale behauptete einst in einem Interview, ein UFO gesehen zu haben.

383. Dennis Bergkamp leidet unter Flugangst.

384. Im Halbfinale der EM 1968 zwischen Italien und der Sowjetunion wurde Italien per Münzwurf zum Sieger erkoren. Das Finale gewannen die Italiener, wodurch sie Europameister wurden.

385. Rogerio Ceni ist mit 131 Treffern der Torhüter mit den meisten Toren der Geschichte. Einen Großteil dieser Tore erzielte er per Freistoß.

386. Der chilenische Torhüter Roberto Rojas schmuggelte bei der Qualifikation für die WM 1990 ein Rasiermesser auf das Spielfeld und verletzte sich absichtlich damit, um einen Spielabbruch zu erwirken.

387. Dazu kam es auch. Chile wurde anschließend von der FIFA von der bevorstehenden Weltmeisterschaft ausgeschlossen, Rojas lebenslang gesperrt.

388. Der ehemalige englische Nationalspieler Joleon Lescott wechselte Jahre nach seinem Karriereende zum spanischen Viertligisten Racing Murcia. Dort unterschrieb er einen Vertrag für ein Spiel.

389. Lescott war allerdings nur eine Notlösung, eigentlich wollte der Klub Samuel Eto'o verpflichten, der aber absagte.

390. In der Partie zwischen dem FC Liverpool und Arsenal lieferte sich Reds-Akteur Kostas Tsimikas auf der linken Außenbahn ein Laufduell mit Arsenals Bukayo Saka. Der Grieche ging nach einem Schubser des englischen Nationalspielers zu Boden und räumte kurzerhand seinen Teammanager Jürgen Klopp ab. Dabei fiel Tsimikas auf die rechte Schulter und brach sich das Schlüsselbein.

391. Leverkusen hat sich den Begriff »Vizekusen« beim deutschen Patent- und Markenamt schützen lassen.

392. Allerdings patentierten sie auch den Begriff »Meisterkusen«.

393. Erst seit 1995 dauern Spiele von Frauenteams 90 Minuten. Davor waren es ledgilich 80 Minuten.

394. Die Maldini Familie bestehend aus Cesare, Paolo und Daniel hat insgesamt über 1000 Spiele für den AC Milan absolviert.

395. Der PSV-Akteur Marco Van Ginkel gab 983 Spiele nach seinem letzten Einsatz sein Comeback.

396. Lazio Rom kaufte im Jahr 2017 den Portugiesen Pedro Neto für elf Millionen Euro von Sporting Braga. Das Geld überwiesen sie allerdings fälschlicherweise an Sporting Lissabon.

397. Seit dem Jahr 1982 stand bei jedem WM-Finalspiel ein Akteur des FC Bayern München auf dem Feld.

398. Die ehemaligen Fußballprofis Jens Hegeler und Stefan Reinartz entwickelten mit dem »Packing« eine neue Methode in der Analyse von Fußballspielen. Dabei wird ermittelt, wie viele Verteidiger ein Spieler, egal ob durch Pass oder Dribbling, überspielt.

399. Eine neu entdeckte Ameisenart wurde zu Ehren des ägyptischen Nationalspielers Mo Salah »Meranoplus mosalahiam« getauft.

400. **Die Flugreisenden**
Lange Anreisen zu Auswärtsspielen kommen im Fußball des Öfteren vor. Doch übermäßig lange eher selten. Solch ein Fall trat 2020 im französischen Pokal ein. JS Saint-Pierre, mit vollem Namen Jeunesse Sportive Saint-Pierroise, ist eine Stadt im Süden von La Réunion, dem französischen Überseegebiet. Es liegt etwa 900 Kilometer östlich von Madagaskar im indischen Ozean. Ihre Mannschaft erreichte 2020 die Hauptrunde des französischen Cups. Normalerweise scheiden die Teilnehmer aus den französischen Überseeregionen frühzeitig aus, aber ab und zu dringt eine bis in die Hauptrunde, dem 32stel-Finale, vor. Sie reisen also 9.000 Kilometer und 11 Flugstunden an, um dann das Spiel gegen den Zweitligisten Chamois Niort auf dem französischen Festland zu bestreiten.

Es war das bisher größte Spiel der Klubgeschichte und das Team von JS Saint-Pierre war motiviert. Zur Überraschung aller gelang es ihnen, den Gegner mit einem 2:1 Sieg auszuschalten und in die nächste Runde aufzusteigen. Daher ging es für die Franzosen, die selbst nicht mit einem Triumph gerechnet hatten, schnell wieder zurück in die Heimat, um sich für das nächste Spiel vorzubereiten.

Im Sechzehntelfinale wartete nun der Viertligist SAS Épinal auf die Fußballer der Insel. Zwei Wochen später wurde der nächste lange Flug in Angriff genommen, die Spieler verbrachten abermals 11 Stunden im Flugzeug. Doch diesmal hat sich der Ausflug weniger gelohnt: SAS Épinal siegte mit 1:0 und warf Saint-Pierre aus dem Bewerb. Für diese war es trotzdem ein großer Erfolg, sie waren erst die zweite französische Überseeregion, die das Sechzehntelfinale des Coupe de France überhaupt erreichte. Ein bisschen Erleichterung war auch dabei, dass sie wieder zurück auf ihre warme Insel reisen konnten und nicht mehr im kalten Frankreich kicken mussten.

401. Shkodran Mustafi ist der erste DFB-Nationalspieler, der bereits in der Bundesliga, Premier League, Serie A und La Liga zum Einsatz kam.

402. Vor ihm debütierte nur Thomas Hitzlsperger erst in der Nationalmannschaft und danach in der Bundesliga.

403. 80 % der Fußbälle werden in Pakistan produziert.

404. Neil Armstrong wollte einen Fußball mit auf den Mond nehmen, die NASA lehnte seinen Wunsch jedoch ab.

405. Der längste Name eines Fußballers in der Geschichte der Premier League ist mit 23 Buchstaben jener des Holländers Jan Vennegoor of Hesselink. Der vielleicht längste Name überhaupt ist der des Griechen Lazaros Christodoulopoulos, der 25 Buchstaben hat.

406. Stephen Hawking errechnete, dass die englische Nationalmannschaft die höchsten Siegeschancen hat, wenn die Spieler rote Trikots tragen.

407. Zudem sollen sich die Chancen auf einen Erfolg erhöhen, wenn der Schiedsrichter aus Europa stammt.

408. Giuseppe Bergomi spielte bei vier Weltmeisterschaften für Italien, absolvierte allerdings kein einziges Qualifikationsspiel.

409. Stephan »Stanis« Dembicki traf für seinen Verein RC Lens in einem Pokal-Spiel gegen den Amateurverein Auby-Asturies ganze 16 Mal. So oft traf kein anderer Akteur in einer einzigen Partie.

410. Es gibt fünf Spieler, nach denen ein Asteroid benannt wurde. Diese Ehre wurde Arsène Wenger, Johan Cruyff, Josef Bican, Ferenc Puskás und Michael Ballack zuteil.

411. Lediglich acht verschiedene Länder konnten eine Weltmeisterschaft gewinnen.

412. Cristiano Ronaldo, Luis Suárez und Zlatan Ibrahimovic sind die einzigen Fußballer, die bereits in jeder Spielminute mindestens einmal getroffen haben.

413. Brasilien ist mit 237 Treffern das Land mit den meisten Toren in der Geschichte der Weltmeisterschaften.

414. Steven Gerrard tauschte insgesamt mit über 100 Spielern sein Trikot, jedoch nie mit einem Akteur von Manchester United.

415. Ryan Giggs ist der einzige Spieler in der Geschichte der Premier League, der 100 Tore erzielte, dabei allerdings nie einen Hattrick.

416. Dem Schauspieler Sean Connery wurde im Jahr 1953 angeboten, einen Vertrag bei Manchester United zu unterschreiben.

417. Das Pferd von Sir Alex Ferguson wurde im Jahr 2002 zum »Europäischen Pferd des Jahres« gewählt.

418. Steaua Bukarest blieb einst 106 Spiele in Folge ungeschlagen.

419. Die WM 2006 ist die bislang einzige, bei welcher es keinen Hattrick gab.

420. Newcastle United sollte ursprünglich Stanley AFC heißen.

421. Im Jahr 1950 gab es bei der Weltmeisterschaft kein Finale, sondern eine »Mini-Liga« zwischen Brasilien, Spanien, Schweden und Uruguay. Dabei spielte jedes Land einmal gegeneinander. Weltmeister wurde Uruguay.

422. Tofik Bakhramov ist er einzige Schiedsrichter, nach dem ein Stadion benannt wurde. Nach seinem Tod wurde die Arena in Baku, in seinem Heimatland Aserbaidschan, nach ihm benannt.

423. im Jahr 2001 wurde das Spiel Fußball für den Friedensnobelpreis nominiert.

424. Die aktuell schlechteste Mannschaft der FIFA-Weltrangliste der Männer ist San Marino, bei den Frauen befindet sich Mauritius am Tabellenende.

425. Philipp Lahm beging 13 Monate in Folge kein Foul in der deutschen Bundesliga.

426. Dundee United besiegte den FC Barcelona in allen vier Spielen, die die beiden Klubs jemals gegeneinander absolviert haben.

427. José Mourinho gewann in den Saisons 2005/06 und 2014/15 die Premier League, ohne Trainer des Monats geworden zu sein.

428. 2014/15 wurde er jedoch zum Trainer der Saison gewählt.

429. Spanien gewann die WM 2010 mit nur acht erzielten Toren.

430. Steve Bruce erzielte als Innenverteidiger in der Saison 1990/91 ganze 19 Tore für seinen Klub Manchester United.

431. Der Hampden Park gilt als das älteste Fußballstadion der Welt. Er wurde am 9. Juni 1867 erbaut und befindet sich in Glasgow.

432. Lionel Messi erzielte 17 Jahre in Serie mindestens einen Treffer in der Champions League.

433. Der spanische Supercup wurde 2014 in der saudi-arabsichen Stadt Riad ausgetragen.

434. Barack Obama ist ein Fan des englischen Fußballvereins West Ham United.

435. Pelé spielte in seiner Karriere nie für einen europäischen Verein.

436. Die einzigen beiden Klubs, für die er spielte, waren der FC Santos aus seinem Heimatland Brasilien und New York Cosmos aus Amerika.

437. Für den amerikanischen Verein spielten auch Franz Beckenbauer und Carlos Alberto.

438. David Beckham ließ seinen Körper für hundert Millionen Pfund versichern.

439. Sollte der Abstoß eines Torhüters, aus welchem Grund auch immer, im eigenen Tor landen, gibt es anstelle eines Treffers einen Eckball für die gegnerische Mannschaft.

440. Die deutsche Torhüterin Nadine Angerer kassierte bei der WM 2007 kein einziges Gegentor.

441. Am 1. Februar 2012 kam es bei einem Spiel zwischen den ägyptischen Klubs Al-Ahly und Al-Masry zu heftigen Krawallen, bei denen 74 Menschen getötet und über 1000 Personen verletzt wurden.

442. Lionel Messi erzielte seinen ersten Hattrick überhaupt mit 19 Jahren im Derby gegen Real Madrid.

443. Thomas Tuchel ist der erste Trainer in der Geschichte der Premier League, dessen Mannschaft bei den ersten fünf Heimspielen nach seinem Amtsantritt keinen Gegentreffer hinnehmen musste.

444. Die Vereinshymne des FC Augsburg hat 33 Strophen.

445. Die Spieler Romelu Lukaku (Belgien), Aaron Wan-Bissaka (England) und Tanguy Ndombele (Frankreich) haben allesamt die Staatsbürgerschaft des afrikanischen Landes »Demokratische Republik Kongo«.

446. Bisher konnte nur ein Nationaltrainer zwei Weltmeistertitel gewinnen. Vittorio Pozzo gelang dieses Kunststück mit seinem Heimatland Italien im Jahr 1934 und im Jahr 1938.

447. Die meisten Teams bei Weltmeisterschaften hatte Carlos Alberto Parreira betreut. Der Brasilianer war Trainer von Kuwait, den Vereinigten Arabischen Emiraten, Südafrika, Brasilien und Saudi-Arabien. Mit der Seleção konnte er 1994 sogar den Titel gewinnen.

448. Der Star-Koch Gordon Ramsay spielte sechs Monate für die Glasgow Rangers.

449. Neymar wurde in der Saison 2016/17, als er für den FC Barcelona spielte, im Durchschnitt alle 21 Minuten gefoult. Die Saison davor passierte es lediglich alle 23,5 Minuten.

450. Im Jahr 2018 war Benjamin Mendy insgesamt nur 80 Minuten im Einsatz und wurde dennoch englischer Meister mit Manchester City und Weltmeister mit Frankreich.

451. Teemu Pukki hält den Rekord für die am schnellsten erzielten 50 Tore in der englischen Championship. Der Finne benötigte dafür lediglich 75 Spiele.

452. Das Markenzeichen des Holländers Edgar Davids war seine orange gefärbte Brille. Diese trug er als Schutz nach seiner Augenoperation im Jahr 1999.

453. Im Mai des Jahres 2001 wurde Davids von der FIFA suspendiert, da er anabole Steroide zu sich genommen hatte.

454. Michael Ballack wünscht sich vermutlich, dass es die Saison 2001/02 nie gegeben hätte. In dieser Spielzeit verlor er mit Bayer 04 Leverkusen den Meistertitel in der letzten Spielwoche, das Pokalfinale gegen FC Schalke 04, das Champions-League-Finale gegen Real Madrid und das WM-Finale mit Deutschland gegen Brasilien.

455. Der ehemalige italienische Schiedsrichter Pierluigi Collina wurde sechsmal in Folge zum Weltschiedsrichter des Jahres gewählt und hält damit den Rekord.

456. Der Italiener befand sich sogar zweimal auf dem Cover der Fußballsimualtion PES.

457. Portugal gelang es 2016, Europameister zu werden, obwohl sie in ihrer Gruppe lediglich Dritter wurden und nur ein Spiel innerhalb von 90 Minuten für sich entscheiden konnten.

458. Inaki Williams von Athletic Bilbao spielte für seinen Klub ganze 251 Spiele in Folge. Von 2016 bis Januar 2023 hat er kein Spiel verpasst.

459. Da Bayern Münchens Kingsley Coman in seinem Mercedes statt des im Vertrag vereinbarten Audis zum Training erschien, musste der Franzose 50.000 € Strafe zahlen. Zudem musste er sein Auto auf der Straße parken und durfte damit nicht auf das Vereinsgelände fahren.

460. Roy Hodgson ist mit 76 Jahren der älteste Trainer, der mit seiner Mannschaft ein Premier-League-Spiel gewinnen konnte.

461. Bei der Weltmeisterschaft 2018 qualifizierte sich Japan anstelle von Senegal für das Achtelfinale, da die Japaner weniger gelbe Karten erhielten.

462. Der Basketball-Profi LeBron James hält Anteile am FC Liverpool.

463. Diego Forlán ist der einzige Spieler, der zweimal spanischer Torschützenkönig wurde, ohne für den FC Barcelona oder Real Madrid zu spielen.

464. Der in England geborene Tyrone Mears absolvierte ein Spiel für Jamaika, weil er dachte, dass sein Vater von dort stammte. Im Nachhinein stellte sich allerdings heraus, dass Mears Vater in Sierra Leone geboren war.

465. Robert Lewandowski und Mislav Oršić sind die einzigen beiden Spieler, die in einem Europapokalspiel drei Tore gegen eine Mannschaft von José Mourinho erzielt haben.

466. Lewandowski gelang dies im Jahr 2013 mit Borussia Dortmund gegen Real Madrid, Oršić im Jahr 2021 mit Dinamo Zagreb gegen Tottenham.

467. Als erstes Team Deutschlands lief die Mannschaft von Eintracht Braunschweig mit Trikotwerbung auf. Auf der Vorderseite der »Löwen« prangte das offizielle Logo von Sponsor Jägermeister – ein Hirsch.

468. Oliver Kreuzer, damaliger Geschäftsführer des Karlsruher SC, wurde von seinem Arbeitgeber per E-Mail gefeuert.

469. Der Ukrainer Andriy Lunin von Real Madrid heiratete seine Frau 2021 im Jogginganzug.

470. Aufgrund der Rot-Grün-Schwäche eines Freiburger Spielers wurden kurz vor Anpfiff die Trikots getauscht, womit die Freiburger gegen Augsburg in Gelb statt Rot aufliefen.

471. Die Frauenmannschaft des FC Barcelona gewann in der Spielzeit 2021/22 alle 30 Spiele und beendete die Saison mit einem Vorsprung von 24 Punkten und einer Tordifferenz von +148 auf dem ersten Platz. Dazu blieben sie zwischen dem 1. Juni 2021 und dem 21. Mai 2023 64 Spiele in Serie ungeschlagen.

472. Choupo-Moting verpasste die Länderspiele seines Heimatlandes Kamerun, da der Verband die Einladung für jene an die falsche E-Mail-Adresse sendete und der Stürmer somit nichts von einer Einberufung wusste.

473. In Brasilien wurde die Regel eingeführt, dass die Vereine nur noch einen Trainerwechsel pro Saison vornehmen dürfen.

474. Die australische Fußballspielerin Rhali Dobson beendete ihre Karriere, um ihren Verlobten, der an einem Hirntumor leidet, besser unterstützen zu können.

475. Der Bosnier Miralem Pjanić lief in seiner Jugend für die luxemburgische Nationalmannschaft auf.

476. Mittelfeldspieler Pelly-Ruddock Mpanzu schaffte mit seinem Klub Luton Town innerhalb von neun Jahren den Durchmarsch von der fünften in die erste Liga. Damit ist er der erste Spieler, dem dieses Kunststück gelang.

477. Der Portugiese Bebé wurde bei seinem Debüt für Manchester United nach zehn Minuten eingewechselt und in der 75. Spielminute wieder vom Feld genommen.

478. Der Offensivspieler wuchs in einem Waisenhaus auf und sollte vor seinem Wechsel nach Manchester eigentlich an der Weltmeisterschaft der Obdachlosen teilnehmen.

479. Cristiano Ronaldo hält mit einer Ausbeute von 128 Toren den Rekord für die meisten Länderspieltore. Damit löste er den Iraner Ali Daei ab, der für sein Heimatland 109 Treffer erzielte.

480. Der Holländer Nigel de Jong ist vor allem für seine brutale Spielweise bekannt. Er brach in einem Freundschaftsspiel gegen die USA im Jahr 2010 seinem Gegenspieler Stuart Holden das Bein, foulte bei der Weltmeisterschaft im selbigen Jahr Xabi Alonso mit einem Karate-Tritt und fügte nur wenige Monate später dem Franzosen Hatem Ben Arfa einen doppelten Beinbruch zu. Für seine überharte Spielweise wurde er von der holländischen Nationalmannschaft ausgeladen.

481. Der 27. Spieltag in der deutschen Bundesliga ist für Trainer der gefährlichste. An jenem gab es in der Geschichte die meisten Entlassungen.

482. Der Russe Artem Dzyuba wurde aus dem Nationalteam geworfen, da ein Video veröffentlicht wurde, das den Stürmer beim Masturbieren zeigte.

483. Real-Star Marcelo musste seinem Klub schon über eine Million Euro an Strafen zahlen.

484. Der spanische Verein Athletic Bilbao setzt seit seiner Gründung ausnahmslos auf baskische Spieler.

485. Jene Kapitänsbinde, die Cristiano Ronaldo nach einer Niederlage mit Portugal gegen Serbien auf den Boden warf, wurde für 64.000 € versteigert und gespendet.

486. Der frühere ungarische Torhüter Gábor Király war vor allem für seine weiten Jogginghosen bekannt. Laut eigener Aussage brauchte er pro Jahr bis zu 20 Stück.

487. Seit der Saison 2017/18 erzielte in Europa nur Lionel Messi mehr Freistoß-Tore als der Engländer James Ward-Prowse.

488. Am 22. Spieltag der Saison 2019/19 erzielte Leon Goretzka vom FC Bayern München das schnellste Eigentor der Bundesliga-Historie. Er versenkte den Ball nach 13 Sekunden im eigenen Tor.

489. Nach dem CL-Spiel zwischen Borussia Dortmund und Manchester City fragte Schiedsrichter-Assistent Octavian Sovre den Norweger Erling Haaland nach einem Autogramm. Dies sorgte für viel Aufruhr und einige Beschwerden, Sovre wurde anschließend sogar vom Verband gesperrt.

490. Dabei diente diese Aktion lediglich einem guten Zweck. Denn der Schiedsrichter sammelt Souvenirs aus ganz Fußball-Europa und unterstützt damit ein Zentrum für Menschen mit schweren Formen von Autismus, welches durch Spenden von jährlichen Auktionen solcher Souvenirs finanziert wird.

491. Erik Lamela sah während seiner Zeit bei Tottenham fünf gelbe Karten mehr als er Tore erzielte.

492. Antoine Griezmann hat drei Kinder. Alle sind am 8. April geboren. Das Erste im Jahr 2016, das Zweite im Jahr 2019 und das Dritte im Jahr 2021.

493. Zlatan Ibrahimovic hat eine Rolle im Film »Asterix und Obelix: Das Reich der Mitte«. Dort spielt er einen Charakter mit dem Namen »Antivirus«.

494. Auch Zinédine Zidane spielte schon in einem Asterix-Film mit. Er war Teil von »Asterix und Obelix bei den Olympischen Spielen«.

495. Der beste Torschütze der Europa-League-Geschichte ist der Kolumbianer Falcao mit 30 Toren. Dafür benötigte er 31 Spiele.

496. Danny da Costa leidet an einer Rasenallergie.

497. Bei einseitiger Kündigung müsste David Alaba seinem Arbeitgeber Real Madrid 850 Millionen Euro zahlen.

498. Neymar erreichte schon mit 19 Jahren den 10. Rang bei der »Wahl zum Weltfußballer des Jahres«. Damals spielte der Brasilianer noch für den FC Santos in seinem Heimatland.

499. Fred von Manchester United benötigte 80 Schüsse um zwei Premier-League-Tore zu erzielen.

500. **David gegen Goliath**
Cupspiele und die Mannschaftskombinationen, die dabei aufeinandertreffen, sind oftmals besonders spannend. Im russischen Pokal 2010/11 gab es eine kleine Sensation: Alanija Wladikawkas, ein Zweitligist, kam bis ins Finale – aber auf eine außergewöhnliche Weise. In keinem einzigen Spiel auf dem Weg zum Finale traf Alanija während der regulären Spielzeit, und auch nicht während der Verlängerung.

In drei von vier Spielen entschieden die Fußballer aus Wladikawkas das Match erst im Elfmeterschießen für sich. Auch im vierten Spiel erzielten sie keinen Treffer während des Spiels, aber diesmal aus einem anderen Grund: Der gegnerische Verein FC Saturn Ramenskoye konnte nicht mehr antreten, weil er bankrott gegangen war – abermals kein Tor für Alanija.
Trotz der torlosen 360 Minuten erreichten sie das Finale des russischen Cups. Dort wartete der ZSKA Moskau auf den Zweitligisten. Noch bevor das Match startete, hatte Alanija bereits einen kleinen Sieg errungen: Sie bekamen einen Platz in der Europa League, da ihr Cup-Finalgegner schon durch seinen Ligaerfolg für den Europacup qualifiziert war.
Alanija konnte das Finale jedoch nicht, wie die Spiele zuvor, im Elfmeterschießen gewinnen, denn Moskau schoss in der 13. Minute das erste Tor. Alanija gab nicht auf, sie waren so nah an einer Sensation. Nach nur 10 Minuten hatten sie den Ausgleichstreffer erzielt – ihr erster Treffer innerhalb der regulären Spielzeit! ZSKA Moskau ließ sich davon jedoch nicht beeindrucken, schoss in der zweiten Halbzeit ein weiteres Tor und zerstörte somit den Traum des Teams aus Wladikawkas.

Trotzdem können sie – mehr oder weniger stolz – behaupten, dass sie es torlos in die Europa League geschafft haben.

501. Werder Bremen hat bei der Abreise aus dem Trainingslager im Jahr 2014 Jungprofi Marlon Busch im Hotel vergessen.

502. Roman Burruchaga, der Sohn der argentinischen Fußball-Weltmeisters Jorge, gewann 2014 sein ersten Spiel auf ATP-Ebene im Tennis.

503. Bibiana Steinhaus, die erste Schiedsrichterin der Bundesliga, und Howard Webb, ein ehemaliger englischer Schiedsrichter, sind seit 2016 ein Paar und haben 2021 geheiratet.

504. Laut dem Forbes-Magazin ist Real Madrid mit einem Wert von 6,07 Milliarden Dollar der wertvollste Verein der Welt.

505. Auf dem 11. Platz der teuersten Abgänge von Eintracht Frankfurt liegt Adi Hütter, ein Fußballtrainer. Er wechselte 2021 für 7,5 Millionen Euro zu Borussia Mönchengladbach.

506. Ferland Mendy saß noch mit 14 Jahren im Rollstuhl und musste neu laufen lernen. Mit 20 Jahren spielte er noch in der Amateurliga. Heute trägt er das Trikot von Real Madrid und hat einen Marktwert von 20 Millionen Euro.

507. Real Madrid ist das einzige Team in der Geschichte der Champions-League, das einen Titel erfolgreich verteidigen konnte.

508. Die Madrilenen gewann sogar dreimal in Folge den höchsten europäischen Wettbewerb.

509. Der Zuschauerrekord der englischen Women's Super League liegt bei 38.262 Fans. Aufgestellt wurde er im Nord-Londoner-Derby zwischen Arsenal und Tottenham.

510. Der VFL Wolfsburg ist Trikotsponsor des amerikanischen Drittligisten Chattanooga FC.

511. One Direction-Star Louis Tomlinson spielte 2013 für die Reserve des englischen Vereins Doncaster Rovers.

512. Während des Premier-League-Spiels zwischen Manchester United und Tottenham zensierte das iranische Fernsehen die Übertragung über 100-mal, da man Schiedsrichter-Assistentin Sian Massey-Ellis mit unbedeckten Haaren und nackten Knien sehen konnte.

513. An diesen Stellen zeigte das iranische Fernsehen Livebilder aus den Straßen Londons.

514. Darwin Núñez stellte 2024 den Rekord auf, in einem Premier-League-Spiel viermal den Pfosten zu treffen.

515. Da Mario Manždukiç im März 2021 verletzt war und nicht für den AC Milan auflaufen konnte, spendete er das Gehalt für wohltätige Zwecke.

516. In der Geschichte der Premier League haben nur vier Spieler mehr als 20 Tore in mindestens fünf Saisons erzielt.

517. Thomas Tuchel ist der erste deutsche Trainer, der im Finale des FA-Cups stand.

518. Seit dem Jahr 1980 hat der Hamburger SV mehr Champions-League-Titel gewonnen, als Arsenal, Atlético Madrid und Tottenham kombiniert. Nämlich genau einen.

519. José Mourinho hat seit dem Beginn seiner Trainer-Karriere 106 Millionen Euro an Abfindungen erhalten.

520. Wer beim FC Bayern München in der Kabine spuckt, muss 10.000 € Strafe zahlen.

521. Arsène Wenger erreichte mit dem FC Arsenal 20 Spielzeiten in Folge die Top Vier.

522. Jan Oblak von Atlético Madrid und Ederson von Manchester City zählen zu den besten Torhütern der Welt. In der Saison 2012/13 spielten sie gemeinsam für Rio Ave in Portugal.

523. Der Japaner Dan Ito ist jener Fußballspieler, der in den meisten Ländern aktiv war. Er spielte in Asien und Australien und war in insgesamt 22 Ländern aktiv. Darunter auch in Myanmar, Bhutan, Guam und Malaysia.

524. Kevin Vogt ist einer von sechs Spielern, die am selben Spieltag für zwei verschiedene Vereine auf dem Feld standen.

525. Iago Aspas führte in seiner PL-Karriere mehr Eckbälle aus, als er Torschüsse hatte.

526. Die höchste Ablöse, die je für einen Trainer bezahlt wurde, liegt bei 25 Millionen Euro. So viel zahlte der FC Bayern München an RB Leipzig, um Julian Nagelsmann in die bayrische Hauptstadt zu lotsen.

527. Manuel Neuer ist zwei Jahre älter als Julian Nagelsmann.

528. Eric Maxim Choupo-Moting spielte in seiner Karriere für Mainz 05, Schalke 04, Stoke City, PSG und Bayern München. Noch nie wurde für den Kameruner eine Ablöse bezahlt.

529. Der teuerste Torhüter der Geschichte ist der Spanier Kepa Arrizabalaga. Für ihn überwies der FC Chelsea 80 Millionen Euro an Athletic Bilbao.

530. Wäre der Holländer Dirk Kuyt kein Fußballprofi geworden, wäre er laut eigener Aussage Fischer geworden.

531. Das Aztekenstadion in Mexiko liegt fast 2.200 Meter über dem Meeresspiegel und war Schauplatz der legendären »Hand Gottes«.

532. Im Wembley-Stadion muss man vom Spielfeld aus 107 Stufen überwinden, um die »Royal Box« zu erreichen, auf welcher die Pokalübergabe erfolgt.

533. Der Bulgare Christo Stoitschkow gründete 2006 in Spanien einen nach ihm selbst benannten Fußballverein.

534. Brad Friedel hält in der Premier League mit 310 Einsätzen den Rekord für die meisten absolvierten Spiele in Folge.

535. 1921 wurde Frauenfußball von der FA verboten. Der Grund war angeblich der Schutz der Frauen, da diese nicht in der physischen Verfassung seien, Fußball zu spielen. Es wurde allerdings gemunkelt, dass die Popularität des Frauenfußballs die Aufmerksamkeit von den männlichen Teams abwendete.

536. Vor allem das englische Team »Dick, Kerr Ladies« war ein Zuschauermagnet und konnte oft bis zu 50.000 Fans ins Stadion locken. Am 26. Dezember 1920 kamen sogar 53.000 in den Goodison Park in Liverpool. Ein Jahr später wurde der Frauenfußball von der englischen FA verboten.

537. Auch in Deutschland gab es ein solches Verbot, aber erst 1955. Der DFB begründete dies folgendermaßen: »Im Kampf um den Ball verschwindet die weibliche Anmut, Körper und Seele erleiden unweigerlichen Schaden und das Zurschaustellen des Körpers verletzt Schicklichkeit und Anstand.« Einige Mediziner befürchteten, dass die weiblichen Geschlechtsorgane durch das Springen und Spreizen der Beine durcheinandergebracht werden könnten. Das Verbot wurde erst 1970 wieder aufgehoben. Gespielt wurde jedoch mit anderen Regeln als bei den Männern.

538. Die erste Saison in der MLS, also der nordamerikanischen Profiliga, wurde erst 1996 gespielt.

539. Zu den zehn Gründungsteams gehörten Columbus Crew, D.C. United, NewYork/New Jersey MetroStars, New England Revolution, Tampa Bay Mutiny, Colorado Rapids, Dallas Burn, Kansas City Wiz, LA Galaxy und San Jose Clash.

540. Bis auf Tampa Bay Mutiny sind noch all diese Vereine in der MLS zu finden.

541. Der Verein Sporting Kansas hat seinen Sitz in Kansas City, im US-Bundestaat Missouri, trägt seine Spiele aber in der gleichnamigen Stadt in Kansas aus.

542. Bei der WM 2006 musste Weltmeister Italien keinen einzigen Treffer, der aus dem Spiel heraus resultierte, hinnehmen. Die zwei Gegentore waren ein Elfmeter und ein Eigentor.

543. Fabio Cannavaro, der die meisten Spiele in seiner Karriere als Innenverteidiger absolvierte, war lediglich 1,75 Meter groß.

544. Cannavaro war zudem der erste Innenverteidiger, der den Ballon d'Or gewonnen hat.

545. Der ehemalige österreichische Profi Hans Krankl war neben seiner Karriere als Fußballer auch im Musikgeschäft erfolgreich und brachte zahlreiche Singles heraus.

546. Lukas Podolski gab sein Debüt für die deutsche Nationalmannschaft in einem Freundschaftsspiel gegen Ungarn.

547. Zuvor wurde der Stürmer, ohne dass er auch nur einmal für die A-Nationalmannschaft gespielt hatte, in den Kader für die EM 2004 einberufen.

548. Stürmer Jan Koller musste am 9. November 2002, nach einem Platzverweis von Jens Lehmann, ab der 67. Spielminute das Tor von Borussia Dortmund im Auswärtsspiel gegen Bayern München hüten.

549. Für seine starke Leistung wurde der Tscheche vom Sportmagazin »kicker« in die »Elf des Tages« berufen.

550. Beim Carabao-Cup-Auftritt seines Klubs Brentford wurde Said Benrahma zum Spieler des Spiels gekürt. Zusätzlich zu einer Trophäe bekam der Offensivspieler auch eine Ausgabe des Computerspiels »Crash Bandicoot«.

551. Der weißrussische Ex-Profi und langjähriger Spieler beim VfB Stuttgart Aljaksandr Hleb ist Mitglied einer Investorengruppe, welche dem deutschen Fußballverein SG Sonnenhof Großaspach den Neubau des Stadions finanzierte.

552. Alle zwei Jahre wird zwischen den baltischen Staaten Lettland, Litauen und Estland der »Baltic-Cup« ausgetragen. Das Turnier, das im Jahr 1928 ins Leben gerufen wurde, gilt als das älteste noch ausgetragene Fußballturnier für Nationalmannschaften in Europa.

553. Rekordsieger des Turniers ist Lettland mit 14 Titeln, zuletzt gewann den Wettbewerb im Jahr 2022 Island, das als Gast-Team teilnehmen durfte.

554. Die Gründungsmitglieder der vorerst gescheiterten »Super League« sollten eine einmalige Zahlung von je 3,5 Milliarden Euro bekommen.

555. Ryan Mason debütierte in der Saison 2020/21 mit 29 Jahren als Cheftrainer der Tottenham Hotspurs und ist somit der jüngste Trainer der PL-Geschichte.

556. Den Rekord für die meisten Eigentore in der Premier League hält der Ire Richard Dunne. Er traf zehnmal ins eigene Tor.

557. Der türkische Zweitligist Akhisarspor verpflichtete 2021 den nigerianischen Fußballer Martins Chisom Onyebueke. Monate später stellte sich heraus, dass der Nigerianer gar kein Profi ist und zuvor bei keinem Verein gespielt hat. Für Akhisarspor kam er nie zum Einsatz.

558. Thierry Henry und Alen Shearer waren die ersten Mitglieder der »Hall of Fame« in der englischen Premier League.

559. Shearer ist der einzige Profi der Premier League, der über 100 Tore für zwei verschiedenen Klubs erzielte.

560. 1986 führte der DFB ein Verbot ein, wodurch sich Werbungen von Sponsoren nicht mehr im Brustbereich der Trikots von Frauen befinden durften, da diese verzerrt würden und daher ohnehin nicht den gewünschten Effekt erziele.

561. Die argentinischen Brüder Gonzalo und Federico Higuaín sind das erst vierte Geschwisterpaar seit dem Jahr 2000, das im selben Spiel traf. Sie trafen beide im selben Spiel für ihren amerikanischen Klub Inter Miami.

562. Es war zudem das erste Mal in der Geschichte der amerikanischen MLS, dass zwei Brüder in einem Spiel für denselben Verein ein Tor erzielten.

563. Die anderen Paare sind Roger und Óscar García, Diego und Gabriel Milito, Yaya und Kolo Touré sowie die Gebrüder André und Jordan Ayew.

564. Didier Drogba gewann in seiner Karriere für den FC Chelsea sieben von neun Finalspielen und erzielte in diesen ganze neun Tore.

565. In Finnland gibt es einen Verein namens »FC Santa Claus«.

566. Alexander Schwolow hält den Bundesligarekord für die meisten Elfmeter in Folge, die gegen ihn verwandelt wurden. Insgesamt wurde 29-mal hintereinander vom Punkt überwunden.

567. Sapir Berman ist die erste Transgender-Frau, die ein Erstligaspiel als Schiedsrichterin leiten darf. Sie ist in der höchsten israelischen Liga im Einsatz.

568. Mit nur 11 Treffen waren die Spieltage 26 und 20 in den Spielzeiten 1989/90 und 1998/99 die bislang torärmsten Bundesligaspieltage. Pro Partie fielen im Schnitt 1,22 Treffer.

569. Der FC Porto hat in den letzten 15 Jahren für 42 Spieler eine mindestens zweistellige Millionensumme kassiert.

570. Oliver Baumann von der TSG Hoffenheim hält den Rekord, für die meisten Gegentreffer per Eigentor. Er musste bereits 21 Tore von seinen eigenen Mitspielern hinnehmen.

571. In der türkischen Süper-Lig gab es in der Saison 2020/21 während der Saison 34 Trainerwechsel. Das ist Liga-Rekord. Zum Vergleich: 2022/23 waren es »nur« 20.

572. Der damalige österreichische Zweitligist Austria Klagenfurt musste 2019 in ein anderes Stadion ausweichen, da in der eigentlichen Heimstätte, dem Wörtherseestadion, für ein Kunstprojekt Bäume gepflanzt wurden.

573. Mit Ausnahme des Jahres 2020 wurde der Chilene Arturo Vidal in jeder Spielzeit Meister. Dies gelang ihm viermal mit Juventus Turin, dreimal mit Bayern München, und jeweils einmal mit dem FC Barcelona und Inter Mailand.

574. Hertha BSC hat als einziger deutscher Profiklub einen Sportpsychologen speziell für die Torhüterabteilung engagiert.

575. Die österreichischen Vereine Rapid Wien und Vienna FC haben je einmal den DFB-Pokal gewonnen.

576. Die philippinischen Nationalspieler Manuel und Mike Ott sowie der Liechtensteiner Philipp Ospelt sind die einzigen aktuellen Nationalspieler, die in München geboren sind. Ein weiterer Kandidat wäre Karim Adeyemi, der dem DFB-Kader zuletzt zwar nicht angehörte, allerdings schon vier Länderspiele bestritten hat.

577. Der FC Chelsea lädt seit dem 1. Juli 2021 auch Fans zu seinen Vorstandssitzungen ein. Jeweils drei sogenannte »Fanberater« dürfen an den Sitzungen teilnehmen.

578. Thomas Tuchel ist der erste Trainer der Champions-League-Geschichte, der in zwei aufeinanderfolgenden Jahren mit zwei unterschiedlichen Vereinen das Finale erreicht.

579. Ed Sheeran war in der Saison 2020/21 Trikotsponsor des englischen Drittligisten Ipswich Town.

580. Die FIFA verbot nach dem Afrika-Cup-Erfolg Kameruns im Jahr 2022 ärmellose Trikots. Bei der nachfolgenden Weltmeisterschaft in Japan und Südkorea musste Ausrüster Puma dem grünen T-Shirt deswegen schwarze Ärmel hinzufügen.

581. Als älteste Tor-Musik im deutschen Profi-Fußball gilt der »Zebra-Twist« des MSV Duisburg.

582. Gabuns Nationalspieler Guélor Kanga Kaku musste sich 2021 vor dem CAF erklären, weshalb seine Mutter 1986 gestorben, er aber laut seinen Papieren im Jahr 1990 geboren ist. Die Beschwerde wurde später allerdings abgewiesen.

583. Paul Scholes kam unter Sir Alex Ferguson in nur einem von vier Champions League-Finalspielen von Beginn an zum Einsatz.

584. Die Stadien der schottischen Rivalen FC Dundee und Dundee United liegen nur 52 Meter voneinander entfernt.

585. Der tschechische Klub Bohemians Praha 1905 verdankt sein Maskottchen, ein Känguru, einer Australien-Tour im Jahr 1927. Diese gefiel den Verantwortlichen so gut, dass sie sich auch von AFK Vrsovice in den heutigen, internationaleren Namen umbenannten und das Logo abänderten.

586. Salomon Rondon und Duncan Ferguson sind die einzigen Spieler, die in einem Premier-League-Spiel dreimal per Kopf getroffen haben.

587. Noch nie hatte ein Verein in einer Saison so viele Spieler eingesetzt wie Schalke 04 in der Spielzeit 2020/21. In jener kamen für die Knappen 39 Spieler zum Einsatz.

588. Assani Lukimaya hält den Rekord für den am spätesten eingewechselten Spieler in der Bundesliga, der noch eine rote Karte erhielt. Er kam in der Saison 2012/13 in der 89. Spielminute ins Spiel und erhielt anschließend noch einen Platzverweis.

589. Mario Balotelli ist der einzige italienische Spieler, der die Premier League gewinnen konnte.

590. Axel Tuanzebe von Manchester United spielte gegen den FC Chelsea mit einer Smartwatch.

591. Seit Sir Alex Ferguson Manchester United verließ, befand sich Konkurrent Manchester City in der Tabelle immer über den Red Devils.

592. Der Nigerianer Kelechi Iheanacho von Leicester City hat in nur einer Saison an jedem Wochentag mindestens einen Treffer erzielt – Rekord.

593. Gigi Buffon gewann im Jahr 1999 mit Enrico Chiesa die Coppa Italia. Im Jahr 2021 gelang ihm dasselbe mit dessen Sohn Federico Chiesa.

594. Ohne einen einzigen Auswechselspieler und mit einem verletzten Feldspieler im Tor bezwang River Plate am 5. Spieltag der Copa Libertadores CD Santa Fe mit 2:1.

595. Der englische Verein Reading FC stellte seine neuen Trikots im Weltall vor.

596. Sowohl Roter Stern Belgrad als auch Steaua Bukarest und Nottingham Forrest haben die Vorgängerversion der Champions League, den Europapokal der Landesmeister, gewonnen. Damit zählen sie zu den heute unbekannteren Teams, die diesen Erfolg vorweisen können.

597. Jérôme Boateng blieb mit dem FC Bayern München zwischen dem 3. November 2012 und dem 19. Dezember 2014 in 56 Bundesligaspielen in Folge ungeschlagen.

598. Mit 184 Treffern ist Sergio Agüero jener PL-Spieler mit den meisten Toren für einen Verein.

599. Bei der WM 2010 waren erstmals drei Brüder bei einer Endrunde vertreten. Wilson, Jerry und Johnny Palacios befanden sich im Kader von Honduras.

600. **Der Sommer in Schweden**
Der Sommer 1992 wird den Dänen wohl noch lange in Erinnerung bleiben. Es war Europameisterschaft in Schweden, Dänemark hatte sich jedoch nicht qualifiziert, sie wurden nur Gruppenzweiter, hinter Jugoslawien. Dort waren die Balkankriege in vollem Gange, weshalb die UEFA 10 Tage vor Beginn der EM beschloss, Jugoslawien aus dem Turnier auszuschließen. Somit bekamen die Dänen die Chance, doch anzutreten.

Sie hatten 10 Tage Zeit, um ein Team zusammenzustellen, das den Wettbewerb bestreiten und dabei möglichst gut abschneiden sollte. Ein schwieriges Unterfangen in solch einer kurzen Zeit, auch aus dem Grund, dass einige Spieler bereits am Strand lagen und ihre wohlverdiente Sommerpause genossen. Alle zur Verfügung stehenden Profis wurden zur Vorbereitung einberufen, andere brachen ihren Urlaub ab und reisten verspätet an.

Der Kader der Dänen bestand aus 20 Mann. Die Gruppe, die in Schweden auf sie wartete, waren: das Gastgeberland und die Favoriten Frankreich und England. Die Erwartungen hielten sich in Grenzen, sie konnten daher nur überraschen – und das haben sie getan! Sie setzten sich in der Gruppe durch, erreichten das Halbfinale gegen die Niederlande, welches sie im Elfmeterschießen für sich entscheiden konnten und standen somit sogar im Finale.

Dort mussten sie gegen die starken Deutschen antreten. Die Chancen standen schlecht für die Dänen, doch sie waren in einem Sensationsrausch und ließen sich von niemanden stoppen. Sie netzten zweimal – damit war das Wunder perfekt – Dänemark war Europameister! Und das, obwohl sie kurz zuvor noch nicht wussten, dass sie überhaupt teilnehmen dürfen. Der Fußball schreibt oft schöne Geschichten.

601. Der älteste Spieler, der je die WM gewonnen hat, ist Dino Zoff mit einem Alter von 40 Jahren.

602. Eigentlich sollte China die Frauen-WM 2003 veranstalten, jedoch brach dort das SARS-Virus aus, weshalb die USA kurzfristig als Gastgeber einsprangen.

603. Robert Lewandowski vom FC Bayern ist mit 312 Bundesligatoren der ausländische Rekordtorjäger der Bundesligageschichte.

604. Im Frauenfußball gab es früher eigene Regeln: Schönes Wetter war Voraussetzung, Stollenschuhe waren verboten und kleine Jugendbälle wurden verwendet. Außerdem war die Spielzeit bei den Damen kürzer und es wurde kurzzeitig über einen Brustschutz nachgedacht.

605. Die Europameisterschaft 2021 war die erste, in welcher kein einziger Akteur von Real Madrid für die spanische Nationalmannschaft nominiert wurde.

606. In der 2009 eingeführten Relegation hat sich in nur drei Duellen der Zweitligist durchgesetzt: FC Nürnberg (2009), Fortuna Düsseldorf (2012) und Union Berlin (2019).

607. Serhou Guirassy vom VfB Stuttgart stellte in der Saison 2023/24 mit einer Anzahl von 13 Toren nach sieben Spieltagen eine neue Liga-Bestmarke auf.

608. In der deutschen Bundesliga gibt es nur fünf eingetragene Vereine. Die anderen Klubs sind großteils GmbHs und AGs.

609. Mateo Kovačić gewann viermal die Champions League, spielte aber insgesamt nur 11 Minuten in den Finalspielen.

610. Auf den Färöer-Inseln ist es aufgrund des starken Windes erlaubt, dass ein Mitspieler den Ball beim Elfmeter für den Schützen festhält.

611. Die Ausgaben für Spielerberater im internationalen Fußball haben 2023 das Rekordhoch von 814,4 Millionen Euro erreicht. Laut FIFA-Report stiegen die Honorare im Vergleich zum Vorjahr noch einmal um 42,5 Prozent.

612. 2013 spielte N'Golo Kanté noch in der 3. Französischen Liga. Heute ist er Weltmeister und CL-Sieger.

613. John Terry (40) konnte zu seiner aktiven Zeit beim FC Chelsea immer nur auf dasselbe Pissoir (ganz rechts) in der Kabine gehe.

614. Guatemala schied in der WM-Quali 2022 mit 10 Punkten und einem Torverhältnis von 14:0 als Tabellenzweiter aus.

615. Zum ersten Mal wurde 1960 eine Art Europameisterschaft gespielt. Damals waren vier Länder bei dem Turnier vertreten, das unter dem Namen »Europapokal der Nationen« abgehalten wurde. 1966 wurde das Turnier umbenannt.

616. England hat seit dem Jahr 1966 keinen Titel mehr gewonnen.

617. Turid Knaak war die erste deutsche Nationalspielerin mit einem Doktortitel.

618. Hätte Deutschland die WM 2022 gewonnen, wäre pro Spieler 400.000 € als Siegesprämie ausgeschüttet worden.

619. Die finnische Nationalmannschaft trägt den Spitznamen »Die Uhus«.

620. Die Türkei hat alle ihre sieben Auftaktspiele bei Turnieren verloren.

621. Die meisten Spiele bei Europameisterschaften absolvierte bisher Deutschland. Die DFB-Elf bestritt bisher 53 EM-Partien.

622. Gennaro Gattuso wurde von der AC Florenz 23 Tage nach seiner Anstellung als Trainer wieder entlassen.

623. In Italien ist es verboten, mit einem implantierten Defibrillator Spitzensport zu betreiben.

624. Als der FC Everton zum ersten Mal Meister wurde, existierte der FC Liverpool noch nicht einmal.

625. In 298 Bundesliga-Spielen hat David Alaba nie einen Elfmeter verursacht.

626. Der FC Valencia ist der erste Klub, der einen eigenen Fan-Token als Kryptowährung eingeführt hat.

627. Der brasilianische Klub Corinthians bestrafte seinen Spieler Jo, da dieser grüne Schuhe trug. Der Grund? Grün ist die Farbe des Rivalen Palmeiras.

628. Ikea hat eine Wasserflasche nach Cristiano Ronaldo benannt.

629. Der EM-Spielball wird seit dem Jahr 1968 stets von Adidas produziert – auch den Spielball bei der EM 2024 mit dem schönen Namen »Fußballliebe«.

630. Mit einem geschätzten Monatsgehalt von etwa 2,8 Mio. Euro ist Diego Simeone von Atletico Madrid der mit Abstand am besten bezahlte Fußballtrainer der Welt.

631. René Adler hat im Jahr 2021 eine Plattform für Algorithmus-basierte Transfers gegründet.

632. Die spanische Nationalmannschaft ist das einzige Team, das einen EM-Titel verteidigen konnte. »La Furia Roja« gewann die Europameisterschaft im Jahr 2008 und 2012.

633. Zlatan Ibrahimovic schwörte zur Regeneration auf eine Cryokammer, also einen begehbaren Tiefkühlraum.

634. Der belgische Nationalspieler Jan Vertonghen ist Investor einer Firma, die zur Behandlung von Epilepsie forscht.

635. Das Ottmar-Hitzfeld-Stadion in Gspon in der Schweiz ist das am höchsten gelegene Stadion Europas. Es liegt 2000 Meter über dem Meeresspiegel.

636. Der Engländer Luke Shaw verpasste seit seiner Unterschrift bei Manchester United verletzungsbedingt über 700 Tage.

637. Cristiano Ronaldo verdient im Durchschnitt rund 1,35 Millionen Euro pro Instagram-Post.

638. Lionel Messi hat in seiner Karriere über 60 Tore per direktem Freistoß erzielt.

639. Laut dem Datenanbieter Soccerment liegt die Wahrscheinlichkeit, dass ein direkter Freistoß zu einem Tor führt, bei nur sechs Prozent.

640. Der Südkoreaner Kyu-Hyun Park trinkt laut eigener Aussage pro Tag 14 rohe Eier.

641. Der reichste Klub-Eigentümer der Welt ist der Staatsfonds von Saudi-Arabien, dessen Vermögen 379,51 Milliarden Euro beträgt. Er besitzt den Fußballverein Newcastle United.

642. Der asiatische Staat Katar nahm im Januar 2019 am Asien-Cup teil, spielte im Juni 2019 bei der Copa America (Südamerika) mit und trat im Juli 2021 beim Gold-Cup (Nord- & Mittelamerika) an. Dies alles diente der Vorbereitung für die Weltmeisterschaft 2022 im eigenen Land – wo man ohne Punktgewinn in der Gruppenphase ausschied.

643. Rasmus Højlund avancierte im Alter von 21 Jahren und 14 Tagen zum jüngsten Spieler der Premier-League-Geschichte, der in sechs aufeinanderfolgenden Partien mindestens einmal getroffen hat.

644. Schweden und Italien sind die einzigen Nationen, die im selben Jahr den Song Contest und die Fußball-Europameisterschaft gewonnen haben. Dem schwedischen Frauennationalteam gelang dies 1984, den italienischen Herren 2021.

645. Zwischen den Jahren 1985 und 1993 fand der sogenannte »Artemio-Franchi-Pokal« statt. Dies war ein Wettbewerb, bei welchem der aktuelle Europameister gegen den aktuellen Südamerikameister antrat. Offiziell wurde der Bewerb zweimal ausgetragen.

646. Im Jahr 1985 gewann Frankreich das Duell gegen Uruguay mit 2:0, im Jahr 1993 setzte sich Argentinien im Elfmeterschießen gegen Dänemark durch.

647. Bei einem Freistoß dürfen sich rein theoretisch alle Spieler einer Mannschaft in die Mauer stellen. Vorgekommen ist das jedoch noch nie.

648. Wenn ein Spieler bereits vor dem Anpfiff eine rote Karte bekommt, darf stattdessen ein anderer Spieler auflaufen, damit das Team nicht in Unterzahl agieren muss.

649. Den höchsten Sieg bei einer Frauen-WM erzielte die USA im Jahr 2019 mit einem 13:0 gegen Thailand.

650. Hätte das deutsche Frauennationalteam die WM 2019 gewonnen, hätte jede Spielerin eine Prämie von 75.000 Euro bekommen. Bei der WM 2018 hätten die Herren bei einem Sieg 350.000 Euro pro Akteur erhalten. 2023 waren es bei den Frauen 270.000 Euro und bei den Herren 400.000 Euro.

651. Bei der ersten EM in Frankreich traten nur vier Mannschaften an. Gewonnen hat das Turnier die Sowjetunion.

652. 1924 ist das Gründungsjahr der Gebrüder Dassler Schuhfabrik. Die beiden Gründer waren die Brüder Adolf und Rudolf Dassler. Sie statteten den Großteil der deutschen Athleten für die olympischen Sommerspiele in Amsterdam aus. Etwa 20 Jahre später zerstritten sie sich und Rudolf gründete seine eigene Schuhfabrik: Puma. Adolf hingegen änderte den Namen seines Unternehmens zu adidas.

653. Für komplette Mannschaften wurden Fußballschuhe mit auswechselbaren Schraubstollen das erste Mal im Jahr 1949 eingesetzt.

654. Das Logo von Nike wurde 1971 von einer Grafikdesign-Studentin entworfen. Sie bekam damals etwa 35 US-Dollar von dem Unternehmen. Als Nike erfolgreicher wurde, bekam sie als Dank noch einen Diamantring und Unternehmensaktien.

655. Neben dem Golden Goal existierte einst auch das Silver Goal. Mit dem Silver Goal war das Spiel nicht sofort beendet, wenn das erste Tor in der Verlängerung fiel. Das einzige Silver Goal erzielte Traianos Dellas im Halbfinale der Europameisterschaft 2004 für Griechenland.

656. Nur Deutschland wurde sowohl mit den Frauen als auch mit den Männern Fußballweltmeister und Europameister.

657. Zwischen 1995 und 2013 gewann die deutsche Frauenfußballnationalmannschaft sechs Europameisterschaften in Folge.

658. Álvaro Morata hat mehr EM-Tore erzielt als jeder andere Spieler in der Geschichte Spaniens.

659. Seit der Saison 1988/89 standen nur sieben Spieler für die drei großen Vereine Istanbuls unter Vertrag. Der letzte Spieler, der sowohl für Fenerbahce als auch für Besiktas und Galatasaray spielte, ist Mehmet Topal.

660. Der erste Fußballer, der von der Queen Englands royal gewürdigt wurde, war Stanley Matthews.

661. Sein letztes Spiel absolvierte der älteste Gewinner »des goldenen Balles« im Alter von 50 Jahren für Stoke City.

662. Antoine Griezmann sprach für die französische Synchronisation des »LEGO Batman-Films« Superman.

663. Die italienische Serie A verbietet seit der Saison 2022/23 grüne Trikots, um eine bessere Sichtbarkeit der Spieler auf dem Rasen zu gewährleisten.

664. Der Körperfettanteil von Cristiano Ronaldo liegt bei rund sieben Prozent.

665. Sergio Ramos erhielt in insgesamt 671 Spielen für Real Madrid 216 gelbe, 18 gelb-rote und acht glatt rote Karten.

666. Uruguay und Argentinien haben mit je 15 Copa-America-Titeln deutlich mehr als Brasilien (neun).

667. Seit dem Jahr 2003 vergibt die italienische Sportzeitung »Tuttosport« jährlich den Golden-Boy-Award für den besten Nachwuchsspieler der Saison.

668. Bei der ersten Auszeichnung wurde Rafael van der Vaart zum besten Spieler Europas unter 21 Jahren gekürt.

669. Der brasilianische Fußballer Ronny erzielte 2007 für seinen damaligen Verein Sporting Lissabon ein Freistoßtor mit der höchsten jemals gemessenen Geschwindigkeit: 210,9 km/h.

670. Die höchsten Mitgliedszahlen in Deutschland hat Bayern München (316.000) gefolgt von Borussia Dortmund (298.948) und Schalke 04 (180.000).

671. 4,2 Prozent der deutschen Fußballvereine haben einen Migrationsbezug im Namen. So gibt es z. B. den HNK Hajduk, den FC Italia oder den FC Arriba Peru.

672. Der Bulgare Christo Stoitschkow wurde für sechs Monate suspendiert, da er auf den Schiedsrichter eintrat.

673. Die brasilianische Fußballspielerin Formiga nahm an unglaublichen sieben Olympia-Turnieren teil. Das erste olympische Turnier, das sie bestritt, war jenes im Jahr 1996 in Altanta.

674. Gianluigi Buffon spielte im 21. Jahrhundert die meisten Spiele zu Null. Er kassierte in 409 Spielen kein Gegentor.

675. Theo Walcott gab sein Debüt für die englische Fußballnationalmannschaft im Alter von 16 Jahren.

676. Der Spanier Pedro ist der einzige Spieler der Fußball-Geschichte, der die Champions League, Europa League, Europameisterschaft, Weltmeisterschaft, den UEFA-Super-Cup und die Klub-WM gewonnen hat.

677. Der Zwergstaat Gibraltar spielte bei seinem ersten Länderspiel überhaupt im Jahr 2013 gegen die Slowakei 0:0. Insgesamt konnte das Nationalteam in 57 Spielen sechs Mal als Sieger vom Platz gehen.

678. Während einer Fußball-EM passieren laut der Versicherung »Wiener Städtische« täglich im Durchschnitt 290 Autounfälle.

679. Bei der WM 2018 in Russland war es stellenweise erlaubt, Mückenspray in kleinen Flaschen mitzubringen, da zu diesem Zeitpunkt in der WM-Stadt Wolgograd enorm viele Mücken aktiv waren.

680. Während einer Fußballmeisterschaft gibt es zehn Prozent mehr Einbrüche als sonst, da viele Fans außer Haus sind.

681. Das Finale der Weltmeisterschaft 1950 im brasilianischen Maracanã (Rio de Janeiro) hält den Rekord für die höchste Zuschauerzahl in einem Stadion. Damals sollen 200.000 Zuseher im Maracanã gewesen sein.

682. In Deutschland muss ein Spielfeld in der Norm 45 bis 90 Meter breit und 90 bis 120 Meter lang sein.

683. In der Bundesliga gilt hingegen eine Breite von 68 Metern und eine Länge von 105 Metern.

684. 1894 gründete Nettie Honeyball in London die erste Mannschaft im Frauenfußball. Aus Anstandsgründen spielten die »British Ladies« damals noch mit Hüten auf den Köpfen.

685. Bei der Frauen-WM 1991 wurden nur 80 Minuten gespielt.

686. José Mourinho arbeitete zu Beginn seiner Karriere als Übersetzer beim FC Barcelona.

687. Der legendäre italienische Trainer Arrigo Sacchi arbeitete einst als Schuhverkäufer.

688. Es gibt bisher nur drei Spieler, die in allen Top-5-Ligen aktiv waren. Diese sind der Rumäne Florin Raducioiu, der Däne Christian Poulsen und der Montenegriner Stevan Jovetić.

689. Mirko Slomka war im Jahr 2008 Botschafter für das Jahr der Mathematik.

690. Bei seinem Torjubel formt der Belgier Axel Witsel seine Hände zu einem Adler, was eine Hommage an sein Idol Nicolas Anelka ist, der ähnlich jubelte.

691. In Australien musste ein Spiel zwischen dem Blue Devils FC und dem Canberra FC unterbrochen werden, da ein Känguru auf das Spielfeld stürmte.

692. Martin Ödegaard feierte sein Debüt für die norwegische Nationalmannschaft im Alter von 15 Jahren.

693. Der ehemalige belgische Nationalspieler Radja Nainggolan ist Raucher und bekommt deswegen stets ein Hotelzimmer mit Balkon. Von seinem Verein Royal Antwerpen wurde der ehemalige Serie-A-Star sogar suspendiert. Der Grund: Er hatte bei einer Partie seines Teams auf der Auswechselbank eine E-Zigarette geraucht.

694. Der Deutsche Lennart Thy spendete im März 2018 als registrierter Stammzellenspender Blut an einen an Leukämie Erkrankten und ermöglichte diesem damit eine Therapie.

695. In Italien wurde 2016 eine grüne Karte eingeführt, die besonderen Sportsgeist der Spieler belohnen soll. Die Karte hat jedoch lediglich einen symbolischen Wert und bringt keinen Vorteil.

696. Premiere feierte die grüne Karte übrigens in der Serie B, der erste Spieler der jene erhielt war Cristian Gallano vom Klub Vicenza Calcio. Er hatte nach einem Torschuss zugegeben, dass der Ball nicht mehr abgefälscht wurde und somit auf Abstoß entschieden werden sollte.

697. Landet ein Einwurf im eigenen Tor, ohne dass ein Akteur den Ball berührt, wird der Treffer annulliert. Der Gegner bekommt dann einen Eckball.

698. Das wiederholte Ausführen eines Kopfballes kann zu einer Rückbildung von Hirnzellen führen.

699. Der ehemalige Chelsea-Trainer Roberto di Matteo erzielte im Jahr 2000 das letzte Tor im alten Wembley-Stadion.

700. **Die etwas andere Super League**

Im Jahr 2021 hatten zwölf der größten europäischen Klubs den Plan, eine European Super League zu gründen. Der wohl dominanteste Hintergedanke dabei: Das liebe Geld.

Der Plan stieß schnell auf Widerspruch und zahlreiche Fans und Klubs protestierten gegen die Grüdnung, weshalb die Ursprungsidee nach nur zwei Tagen wieder verworfen bzw. auf Eis gelegt wurde.

Es gibt jedoch auch ausreichend Vereine, die nicht aufs Geld aus sind und viel Wert auf ihre Mitglieder, Fairness, Freundschaft und Verbundenheit legen. Aus diesem Grund haben mehrere europäische Amateurteams mit der Realisierung der FENIX-Trophy, einer Gegenbewegung zur Super League, ein Statement gesetzt.

Gestartet wurde das Projekt von Brera Calcio, einem mailändischen Klub. Er initiierte einen Wettbewerb, in dem der Fußball im Mittelpunkt steht. Insgesamt nehmen an dieser Liga acht Klubs teil, die sich auf das Wesentliche konzentrieren wollen – ganz nach dem Motto »Back to the Roots«. Daher auch der Name »FENIX«, was wie phoenix (Englisch: Phönix) ausgesprochen wird, der auch im Logo des Turniers prangt.

FENIX hat aber auch noch eine andere Bedeutung, es ist nämlich ein Akronym:

F – Friendly (freundliches Umfeld)
E – European (europäisches Netzwerk)
N – Non-professional (Fokus auf Amateurklubs)
I – Innovative (Zusammenkunft aufgrund von Verbundenheit ist neu)
X – Xenial (griechisch: xènos – Fremder → Gastfreundschaft)

Das Turnier wird in zwei Gruppen mit jeweils vier Mannschaften gespielt, am Ende reisen alle acht Teilnehmer nach Rimini an, um dort bei einem finalen Turnier die endgültigen Platzierungen auszuspielen.

701. Nasser Al-Khelaifi, der Präsident von Paris Saint-Germain, war einst Tennisprofi und absolvierte für die katarische Davis-Cup-Mannschaft insgesamt 45 Partien.

702. Mit Stand 13. September 2018 hatte Atalanta Bergamo während des abgelaufenen Transferfensters ganze 55 Spieler an andere Vereine verliehen.

703. Ryan Bertrand gab sein Debüt in der Champions League für den FC Chelsea im Finale gegen Bayern München.

704. Im Sommer 2013 hatte der FC Parma 166 Spieler unter Vertrag.

705. Darunter war auch der Pole Slawomir Peszko, der allerdings noch nie in Parma war.

706. Obwohl es die deutschen Frauen im Fußball nicht gerade leicht hatten, ließen sie sich nicht aufhalten und wurden 1989 Europameister. Es gab sogar einen Preis, der sich jedoch erheblich von dem der Herren unterschied: Dem Team wurde ein Kaffeeservice mit blauen und roten Blüten überreicht.

707. Im Jahr 2004 wurde die Mutter des Brasilianers Robinho entführt und 41 Tage lang von Kidnappern gefangen gehalten.

708. Kai Havertz ist mit einer Ablöse von 80 Millionen Euro der teuerste deutsche Spieler. Für diese Summe kaufte der FC Chelsea den Deutschen von Bayer 04 Leverkusen.

709. Im Jahr 1980 traf Real Madrid im spanischen Pokalfinale auf Real Madrid Castilla, also die zweite Mannschaft.

710. Die erste Mannschaft konnte die Zweitvertretung, die anschließend sogar im Europapokal der Pokalsieger antreten durfte, mit 6:1 besiegen.

711. In Rumänien gibt es einen Fußballplatz, der 30 Meter unter der Erde in einer ehemaligen Salzmine liegt.

712. Wayne Rooney, Gareth Bale und Kevin Davies sind die einzigen Spieler der PL-Geschichte, die in einem Spiel sowohl ein Tor, ein Eigentor als auch einen Assist vorweisen können.

713. Zum Finale der EFL Trophy, einem englischen Pokalwettbewerb der Dritt- und Viertligisten, pilgerten in der Saison 2018/19 knapp 90.000 Zuschauer ins Wembley-Stadion. Die Partie fand zwischen AFC Sunderland und dem FC Portsmouth statt.

714. Am 14. August 1981 fügte der Bremer Norbert Siegmann seinem Gegenspieler von Arminia Bielefeld, Ewald Lienen, eine 20 Zentimeter lange Fleischwunde zu.

715. In seinem ersten Spiel für Atlético Madrid gewann Diego Godin sofort einen Titel.

716. Beim 3:0-Sieg des BVB im Jahr 2015 gegen Schalke 04 jubelten die Torschützen Marco Reus und Pierre-Emerick Aubameyang verkleidet als Batman und Robin.

717. In der Geschichte des *Doppelpass* gab es mit Rudolph Brückner, Jörg Wontorra, Thomas Helmer und Florian König erst vier Moderatoren.

718. Die beste Saison von Luis Suárez (2015/16 mit 83 Scorerpunkten) ist nur um einen Scorerpunkt schlechter als jene von Cristiano Ronaldo (2014/15 mit 84 Scorerpunkten).

719. Der 1. FC Nürnberg ist der einzige Bundesligaverein, der als amtierender Meister abstieg.

720. Dynamo Dresden spielte früher unter dem Namen »SV Deutsche Volkspolizei Dresden«.

721. N'Golo Kanté spielt vor dem Training gerne Schach auf dem Handy.

722. Laut der FIFA ist Josef Bican, der sowohl für die österreichische als auch für die tschechoslowakische Nationalmannschaft spielte, jener Spieler, der in seiner Karriere die meisten Tore erzielt hat. Er soll 805 Tore geschossen haben.

723. Brasilien hat mit insgesamt 237 Treffern die meisten Tore bei Weltmeisterschaften erzielt.

724. Bei einem Nachwuchsspiel in Brasilien erzielte Ronaldinho alle 23 Treffer seines Teams. Das Spiel endete 23:0.

725. Der unterklassige englische Verein »West Auckland Town FC« gewann mit der »Sir Thomas Lipton Trophäe« den ersten europäischen Wettbewerb überhaupt.

726. An der Qualifikation für Europameisterschaften nehmen acht Mannschaften teil, die geografisch eigentlich in Asien liegen.

727. Diese sind Türkei, Kasachstan, Aserbaidschan, Georgien, Armenien, Zypern, Israel und Russland.

728. Nur bei der WM 1958 nahmen alle vier britischen Nationalteams teil. Damals qualifizierten sich England, Schottland, Nordirland und Wales für die WM-Endrunde.

729. Der Verein Achmat Grozny ist der einzige tschetschenische Verein, der in der ersten russischen Liga vertreten ist.

730. Der 11. Oktober ist in Panama ein Nationalfeiertag. Der Grund? An diesem Tag qualifizierte sich Panama erstmals für eine Fußball-WM.

731. Der italienische Klub Castel di Sangro war jener Klub mit der niedrigsten Einwohnerzahl (5900), der je in die zweitklassige Serie B aufgestiegen ist.

732. Der 40-fache italienische Nationalspieler Vincenzo Iaquinta wurde im März 2016 wegen illegalen Waffenbesitz und Mafiazugehörigkeit zu zwei Jahren Gefängnis verurteilt.

733. Mit Ausnahme der Jahre 1930 und 1950 stand in jedem WM-Finale mindestens eine Nation aus Europa.

734. In einem Spiel zwischen Crystal Palace und Brighton holte Kelvin Morton fünf Elfmeter heraus.

735. Teddy Sheringham ist mit 40 Jahren und acht Monaten der älteste Torschütze der modernen PL-Historie. Betrachtet man das englische Fußball-Oberhaus seit seinem Bestehen, führt die Liste allerdings Billy Meredith an, der 1922 und im Alter von 47 Jahren für Manchester City traf.

736. Seit Februar 2024 zählt auch Thiago Silva zu den 15 ältesten Torschützen der englischen Erstliga-Geschichte. Er traf mit 39 Jahren und 135 Tagen bei einer 2:4-Niederlage seines Teams FC Chelsea.

737. Zwischen 1960 und 1985 gewann der FC Barcelona nur einmal die spanische Liga.

738. Mathieu Flamini verlor während seiner Karriere beim FC Arsenal kein einziges Heimspiel. In 53 Spielen gewann er mit den Gunners 37-mal und spielte 16-mal unentschieden.

739. Eine Analyse eines Sportwissenschaftlers ergab, dass 50 Prozent aller Tore im Fußball nach einem Passspiel zu einem in der Nähe des gegnerischen Tores postierten Mitspielers erzielt werden.

740. César Azpilicueta, Wes Morgan, John Terry und Gary Pallister sind die einzigen Feldspieler, die für ihren Verein in der Meistersaison jede Minute gespielt haben.

741. Der 17-Jährige Torhüter Denis Popov vom russischen Verein FK Rostov wurde trotz der 1:10-Niederlage seines Klubs zum Spieler des Spiels gewählt. In der Partie parierte der Tormann 15 Schüsse und hielt sogar einen Elfmeter.

742. Um während der Corona-Saison Gehälter zu sparen, wurden die Profis von Olympique Lyon mit Aktien am Verein beteiligt.

743. Marcos Llorente schläft in einem 35.000 € teuren Spezialbett.

744. Sowohl im englischen Profifußball als auch im russichen und argentinischen gibt es einen Klub namens »Arsenal«.

745. Denis Compton spielte sowohl Fußball für den FC Arsenal als auch Cricket für das englische Nationalteam.

746. Cardiff City ist der einzige nicht-englische Sieger des FA-Cups.

747. Am Boxing Day Spieltag 1963 in England wurden 66 Tore in 10 Spielen geschossen:

FC Blackpool – FC Chelsea 1:5
FC Burnley – Manchester United 6:1
FC Fulham – Ipswich Town 10:1
Leicester City – FC Everton 2:0
FC Liverpool – Stoke City 6:1
Nottingham Forest – Sheffield United 3:3
Sheffield Wednesday – Bolton Wanderers 3:0
West Bromwich – Tottenham Hotspur 4:4
West Ham United – Blackburn Rovers 2:8
Wolverhampton Wanderers – Aston Villa 3:3

748. Aufgrund des in vielen Fußballstadien geltenden Rauchverbotes kaut der italienische Trainer Maurizio Sarri während der Spiele seines Teams auf Zigarettenbestandteilen herum.

749. Der mitgliedsstärkste Klub der Welt ist River Plate. Der argentinische Verein hat ca. 336.000 Mitglieder. Mit knapp 316.000 Mitgliedern liegt Rivale Boca Juniors auf dem dritten Platz nur knapp hinter dem FC Bayern, der als bester europäischer Verein in dieser Liste gilt.

750. Walter Gargano wurde von seinem Arbeitgeber River Plate gekündigt, weil er nach einer 0:4-Niederlage gegen seinen Ex-Klub Penarol mit seinen ehemaligen Mitspielern beim Grillen gesehen wurde.

751. In Österreich gibt es einen Verein namens Grazer SC Straßenbahn.

752. Der englische Klub FC Reading wollte 2022 mit seinem neuen Trikotsatz auf die Klimaerwärmung aufmerksam machen. So zierten die Ärmel der Heimtrikots der Männer und Frauen Streifen, die die steigenden Temperaturen in der Region Berkshire aufzeigten. Jeder Streifen stand für die durchschnittliche Temperatur eines Jahres im Vergleich zur Durchschnittstemperatur im Laufe der Klubgeschichte. Blau signalisierte, dass es kälter als gewöhnlich war, rot das Gegenteil. Die Trikots wurden zudem aus recycelten Plastikflaschen hergestellt.

753. Sebastian Bottaglia wurde als Trainer des argentinischen Klub Boca Juniors 2022 nach einem Spiel entlassen. Ungewöhnlich war der Ort des Geschehens: eine Tankstelle.

754. Seit 2004 findet in Berlin das Fußballfilmfestival »11 mm« statt. Es war damit das erste Film-Event, das das runde Leder thematisch in den Vordergrund rückte.

755. Aus einer Untersuchung des Softwareunternehmens Nordpass ging 2021 hervor, dass der Begriff »juventus« auf dem sechsten Platz der beliebtesten Passwörter in Italien lag. »Napoli« rangierte auf dem zehnten Platz.

756. Am französischen Pokal nehmen 2.000 Mannschaften teil. So sind insgesamt 14 Runden zu absolvieren, wenn man als kleinster Klub den Pokal gewinnen würde. Denn am Turnier dürfen dabei nicht nur Klubs vom französischen Festland teilnehmen, sondern auch von den sieben Überseegebieten. So musste der FC Thionville 2022 mehr als 16.000 Kilometer reisen, um in Neukaledonien gegen Hienghène Sport anzutreten.

757. Die Frauenmannschaft des französischen Drittligisten CPB Bréquigny aus Rennes trainierte im Jahr 2022 ohne Hosen, um auf die mangelnde Unterstützung durch den Verband aufmerksam zu machen.

758. Der mexikanische Erstligist Querétaro FC hat als erster Klub weltweit Haustiere im Stadion zugelassen. Allerdings in einem abgetrennten Bereich und ohne freie Platzwahl.

759. Sergei Ignaschewitsch musste nach seinem ersten Treffer in der Champions-League 4.396 Tage auf den zweiten warten.

760. Austria-Wien-Verteidiger Johannes Handl ließ sich 2023 seine langen Haare abscheren, um diese an die Krebshilfe zu spenden. Er wollte Fans dazu animieren, es ihm gleichzutun.

761. Im Stadion des VfB Stuttgart haben sich während der Coronazeit Rotfüchse angesiedelt. Solch ein Fuchs war bei der Partie im Oktober 2023 gegen den VfL Wolfsburg vor dem Anpfiff am Platz zu sehen.

762. Um gegen die Pläne des DFLs bezüglich eines Investoreneinstiegs zu protestieren, griffen die Fans in der Bundesliga-Saison 2023/24 zu kreativen Mitteln. So warfen sie nicht nur Tennisbälle und Schokotaler aufs Feld, sondern schickten auch ferngesteuerte Autos auf den Platz.

763. Mit knapp zwei Millionen Zuschauern erzielte die Frauenweltmeisterschaft 2023 einen neuen Zuschauerrekord für den Wettbewerb.

764. Inter Mailand präsentierte 2022 das Kryptowährungsunternehmen »DigitalBits« als Trikotsponsor. Von den erwarteten 25 Millionen Euro Sponsoringerlösen wurde allerdings kein Cent an die Mailänder überwiesen.

765. Besiktas Istanbul hat den Vertrag seines Spielers Emirhan Delibas gekündigt, da dieser ein Profil auf einer Dating-App hatte.

766. In der Saison 2023/24 kam es in den beiden höchsten Spielklassen Deutschlands erstmals zu dem Fall, dass die 2. Bundesliga mit 284.643 Zusehern mehr Stadienbesucher hatte als die 1. Bundesliga (261.099).

767. Die 2. Bundesliga hatte an diesem Wochenende allerdings auch deutlich mehr Zuschauer als die Ligue 1, die LaLiga und die Serie A.

768. Als Hertha BSC Berlin das Trikot ihres damaligen E-Sportlers und FIFA-Profis Elias »EliasN97« Nerlich zum Kauf anbot, brach der Fanshop nach ein paar Minuten zusammen. Das Trikot war binnen weniger Augenblicke ausverkauft und machte damit mehr Absätze als das der Rasenprofis.

769. Nerlich ist Influencer sowie Unternehmer und gründete 2022 gemeinsam mit dem Ex-Profi Sidney Friede einen eigenen Fußballverein namens »Delay Sports«. Der Klub ist in Berlin ansässig und hat heute als Kreisligist mit über 50.000 mehr Instagram-Follower als die Stadtrivalen Hertha und Union sowie etliche Bundesligisten.

770. Außerdem gründete Nerlich mit Real-Profi Toni Kroos die »Icon League«, die ähnlich wie Gerard Piqués »Kings League« funktioniert: Es wird in der Halle auf einem kleinen Feld mit eigenen Regel gespielt. Auch die deutschen Fußballer Lukas Podolski und Mats Hummels stiegen mit ihrer »Baller League« bereits in den Hallenfußball ein.

771. In der Baller League treten zwölf Teams an elf Spieltagen jeweils einmal gegeneinander an. Alle Spieltage finden in Köln und auf einem großen Kleinspielfeld statt. Involviert sind zahlreiche Influencer, Musiker, sonstige Promis und Ex-Fußballprofis.

772. Belgiens Stürmer Romelu Lukaku stellte in der Qualifikation für die Europameisterschaft 2024 mit 14 Toren einen neuen Rekord auf.

773. Für die Teilnahme an der Europameisterschaft in Deutschland 2024 erhält jede Nation ein Startgeld in Höhe von 9,25 Millionen Euro.

774. Beim Spiel zwischen dem FC Porto und dem FC Arouca in Portugals höchster Spielklasse checkte Schiedsrichter Miguel Nogueira einen Elfmeter in der 90. Minute per Handy. Aufgrund eines technischen Defekts des Monitors am Spielfeldrand konnte er die Bilder dort nicht sehen.

775. David Jebbison zeigte beim FA-Cup-Spiel zwischen Sheffield United und dem AFC Wrexham die erste runde Karte der Fußballgeschichte. Die Form soll farbenblinden Spielern und Zuschauern dabei helfen, die Karte richtig zu erkennen. Dabei ist die rote Karte rund, die gelbe Karte eckig.

776. Bei der Weltmeisterschaft 2022 in Katar soll der Veranstalter 500 Fans dafür bezahlt haben, sich als Fußballbegeisterte auszugeben und in den Stadien Stimmung zu machen.

777. Im März 2022 veranstaltete Betis Sevilla das erste Ligaspiel für Nachhaltigkeit. Gegen Athletic Bilbao trugen die Fußballer Trikots aus recyceltem Polyester und tranken aus Wasserflaschen aus wiederverwertetem Material. Die Idee dazu hatten die Spieler selbst.

778. Zusätzlich rief der Verein die Fans dazu auf, umweltfreundliche Transportmittel zu nutzen, um ins Stadion zu gelangen. Sämtliche anfallenden Reste der Speisen wurden zudem in über 10.000 vom Verein zur Verfügung gestellten Pappbechern entwertet, um diese anschließend zu Düngemittel zu verarbeiten.

779. Das Trikot ihres neuen Mittelstürmers Rasmus Højlund war im Shop von Manchester United über einen Monat lang nicht erhältlich, da das dänische ø nicht vorrätig war.

780. Die EM 2024 wird in zehn deutschen Stadien in zehn verschiedenen Städten ausgetragen. Allerdings tragen die Stadien nicht ihre eigentlichen Namen, denn der Name des Sponsors darf nicht enthalten sein. So wird beispielsweise aus dem Signal Iduna Park das »BVB Stadion Dortmund«, aus der Veltins Arena die »Arena Auf Schalke« und aus der Allianz Arena die »Munich Football Arena«.

781. Finalstadion ist dabei erwartungsgemäß das Olympiastadion in Berlin, das seinen Namen behalten darf. Neben den bereits erwähnten Orten wird im Sommer noch in Köln, Düsseldorf, Frankfurt, Hamburg, Leipzig und Stuttgart gespielt.

782. Deutscher Rekordnationalspieler ist Lothar Matthäus mit 150 Spielen für die DFB-Elf. Ihm folgen Miroslav Klose (137 Einsätze) und Lukas Podolski (130).

783. Matthäus ist aber nicht nur Rekordnationalspieler und zweifacher Weltfußballer, sondern auch Besitzer des ghanaischen Erstligaklubs Accra Lions. Diesen hat er mit zwei Partnern im Jahr 2023 erworben.

784. Der Italiener Emerson ist der erste und bislang einzige Spieler, der alle fünf UEFA-Wettbewerbe gewinnen konnte. So triumphierte er 2019 in der Europa League, 2020 bei der Europameisterschaft, 2021 in der Champions League und im Super Cup und 2023 in der Conference League.

785. Marie-Louise Eta war 2023 die erste Frau, die für eine Bundesliga-Mannschaft an der Seitenlinie stand. Sie unterstützte Interimstrainer Marco Grote nach dem Aus von Cheftrainer Urs Fischer bei Union Berlin als Co-Trainerin.

786. Hannah Dingley war im September 2023 zudem die erste und bisher einzige Frau, die eine professionelle Herrenmannschaft im englischen Fußball leitete. Sie übernahm interimistisch beim Viertligisten Forest Green Rovers.

787. James Milner ist der einzige Spieler in der Geschichte der Premier League, der im Old Trafford mit vier verschiedenen Teams gewinnen konnte. Er war im Heimstadion von Manchester United mit Aston Villa, Manchester City, Liverpool und Brighton erfolgreich.

788. In der dritten spanische Liga trafen 2023 mit dem AD Ceuta FC und DU Melilla zwei Klubs aufeinander, die auf dem afrikanischen Kontinent beheimatet sind. Beide gehören zu den gleichnamigen Exklaven, die sich an der Grenze zu Marokko befinden.

789. Im Alter von gerade einmal 13 Jahren hat Da'vian Kimbrough einen Profivertrag beim Fußballklub Sacramento Republic FC erhalten. Nach Angaben des Vereins aus der zweithöchsten Spielklasse der United Soccer League ist der Stürmer damit der jüngste Sportler in der Geschichte der großen US-amerikanischen Profiligen.

790. Bei ihrem Heimspiel gegen den America FC Belo Horizonte liefen die Spieler des brasilianischen Klubs Fortaleza FC mit Hunden aus dem Tierheim ein, die nach dem Spiel von den Fans adoptiert werden konnten.

791. Deportivo Murcia war 2023 der erste Klub aus der achten Spielklasse Spaniens, der sich für den spanischen Pokal qualifizieren konnte.

792. Der ägyptische Mittelfeldspieler Mohamed Elneny gründete einen Fußballklub namens Elneny FC.

793. Der französische Zweitligist Paris FC verkündete im November 2023, dass sämtliche Heimspiele der Männer und Frauen fortan kostenlos zugänglich sind. Dies war im europäischen Profifußball ein Novum.

794. Aldo Simoncini, ehemaliger Torhüter von San Marino, stellte in einem EM-Qualifikationsspiel seines Landes im Jahr 2012 gegen Schweden einen Rekord auf, der wohl für die Ewigkeit bestimmt ist. Es spielte nämlich auch sein Zwillingsbruder Davide und beide trafen ins eigene Tor. Dadurch avancierten die Gebrüder Simoncini zum ersten Zwillingspaar, das in einem internationalen Spiel jeweils ein Eigentor schoss. Das Spielt endete 0:6.

795. Das Estadio Hernano Siles in Bolivien ist das höchstgelegene Nationalstadion der Welt und liegt 3.601 Meter über dem Meeresspiegel.

796. Der höchstgelegne Fußballplatz Europas ist die Ottmar Hitzfeld Arena in Gspon, die in 2.000 Meter Höhe erbaut wurde. Den Namen trägt der Platz, da Hitzfeld 2009 einen neuen Kunstrasen für das Stadion stiftete und auch bei dessen Einweihung vor Ort war. Das Spielfeld ist wegen des eingeschränkten Raums auf dem Bergplateau kleiner als üblich, gespielt wird deswegen auch nur mit acht statt elf Spielern pro Team und ohne Abseits und Rückpassregel.

797. In der Ottmar Hitzfeld Arena fand 2008 zudem die erste Bergdorf-EM statt, in der seitdem Amateurteams aus mehreren Ländern gegeneinander antreten. Der Titel ging damals – wie bei der richtigen Europameisterschaft – an Spanien.

798. Der SC Freiburg II setzte in der Spielzeit 2023/24 insgesamt sechs Torhüter ein und damit mehr als jede deutsche Profimannschaft zuvor.

799. Simon Agdestein ist ein ehemaliger norwegischer Nationalspieler im Fußball und Rekord-Landesmeister im Schach. Dazu wurde er 1983 Internationaler Meister und 1985 Großmeister im Schach.

800. **Die besten Sprüche aus der Fußballwelt**

»Fußball ist Ding, Dang, Dong. Es gibt nicht nur Ding.« – Giovanni Trapattoni

»Fußball ist ein Spiel von 22 Leuten, die rumlaufen, den Ball spielen, und einem Schiedsrichter, der eine Reihe dummer Fehler macht, und am Ende gewinnt immer Deutschland.« – Gary Lineker

»Ich habe dem Linienrichter meine Brille angeboten. Aber auch das hat er nicht gesehen.« – Peter Stöger

»Zwei Chancen, ein Tor – das nenne ich hundertprozentige Chancenverwertung.« – Roland Wohlfarth

»Wir müssen gewinnen, alles andere ist primär.« – Hans Krankl

»Nachwuchsleistungszentren gab's ja bei uns damals gar nicht. Wenn sie mich da eingesperrt hätten, wäre ich ausgebrochen Tag und Nacht.« – Mario Basler

»Mailand oder Madrid – Hauptsache Italien.« – Andreas Möller

»So ist Fußball. Manchmal gewinnt der Bessere.« – Lukas Podolski

»Wir können so was nicht trainieren, sondern nur üben.« – Michael Ballack

»Man darf jetzt nicht alles so schlechtreden, wie es war.« – Fredi Bobic

»Es war die Hand Gottes!« – Diego Armando Maradona

»Das ist Schnee von morgen.« – Jens Jeremies

»Wenn schon vier Leute so viele Fehler machen, ist es vielleicht richtig, dass man auf eine Dreierkette umstellen sollte.« – Ralf Rangnick

»In schöner Regelmäßigkeit ist Fußball doch immer das Gleiche.« – Hans Meyer

»Am Ergebnis wird sich nicht mehr viel ändern. Es sei denn, es schießt einer ein Tor.« – Franz Beckenbauer

»Frauenfußball, Männerfußball. Es ist ein Fußball.« – Lena Oberdorf

801. Rudi Gutendorf gilt als der Trainer mit den meisten internationalen Engagements und steht als solcher auch im Guinness-Buch der Rekorde. Aufgrund seiner vielen Trainerstationen wurde Gutendorf auch Rudi Rastlos genannt. Er übte über 55 Jobs in mehr als 30 Ländern aus und trainierte unter anderem in Samoa, Botswana, Grenada, Nepal sowie Trinidad und Tobago.

802. Eine Eckfahne muss mindestens 1,50 Meter hoch sein.

803. Laut Fifa wurden im Sommer 2023 7,36 Milliarden US-Dollar für internationale Transfers ausgegeben – und damit fast 27 Prozent mehr als im bisherigen Rekordjahr 2019.

804. Dabei führte England (1,98 Mrd. US$) das Feld vor Saudi-Arabien (875,4 Mio. US$) an. Deutschland war mit Ausgaben von 762,4 Millionen US-Dollar Vierter.

805. Der niederländische Nationalspieler Xavi Simons erhielt mit nur 15 Jahren seinen ersten Werbevertrag vom Sportartikelhersteller Nike.

806. Der neu gegründete Klub Hull United zahlte bei seinem ersten Heimspiel überhaupt jedem Zuschauer einen Betrag von zwei Pfund.

807. Sepp Maier stand 447-mal in Serie im Tor des FC Bayern München. Das sind 13 Jahre am Stück.

808. Bei der Qualifikation für die Weltmeisterschaft 1954 trat die Nationalmannschaft des Saarlands gegen jene von Deutschland an. Rekordnationalspieler war Waldemar Philippi mit 18 Einsätzen.

809. Der englische Torwart Alex Stepney renkte sich beim Anbrüllen eines Mitspielers den Kiefer aus.

810. Christoph Daum heiratete seine zweite Frau im Mittelkreis des Kölner Stadions.

811. Die Fußball-WM 1966 in England war die erste mit einem offiziellen Maskottchen. Es hieß Willie und war ein in der britischen Flagge gekleideter Löwe. Dieser Brauch währt seitdem fort und wird auch bei der kommenden EM weitergeführt. Dort wird der Teddybär »Albärt« die Fans unterhalten.

812. In den Jahren 1957 und 1958 wurde der Deutsche Flutlichtpokal ausgetragen. Daran nahmen Vereine mit Spielstätten mit damals neuartigen Flutlichtern teil. Gewinnen konnte den Wettbewerb Eintracht Frankfurt und die Kickers Offenbach. Erstere sicherten sich den Pokal im Finale gegen Schalke durch das bessere Eckenverhältnis von 8:6.

813. Wuppertal ist die größte deutsche Stadt ohne Klub in den ersten drei Fußball-Ligen. Dahinter folgen Bonn, Aachen und Chemnitz.

814. Die Trillerpfeife kam 1885 zum ersten Mal in einem Fußballspiel zum Einsatz.

815. Das Tornetz feierte sein Debüt hingegen erst im Jahr 1890 und sollte ursprünglich mit einer Klingel ausgestattet werden.

816. Von 1998 bis 2003 war Wolfgang Wolf Trainer von Wolfsburg.

817. In der höchsten Spielklasse Tahitis erhält der Sieger eines Spiels vier Punkte und der Verlierer einen. Bei einem Unentschieden erhalten beide Teams zwei Punkte.

818. Algerien gelang bei der WM 1986 als erster afrikanischer Mannschaft überhaupt ein Sieg gegen ein südamerikanisches Team. Man schlug Chile mit 3:2. Das Weiterkommen ins Achtelfinale verhinderte damals nur die »Schande von Gijon«.

819. Der belgische Trainer Will Still hat den französischen Klub Stade Reims 2023 von einem Abstiegsplatz in das gesicherte Tabellenmittelfeld geführt und blieb dabei über 15 Spiele in Folge ungeschlagen. Dabei hat der Belgier nur die A-Trainer-Lizenz – weshalb sein Klub bei jedem Spiel 25.000 Euro Strafe bezahlen muss.

820. Mit einem Alter von 31 Jahren ist Still zudem der jüngste Trainer innerhalb der fünf europäischen Top-Ligen.

821. In der Historie der Bundesliga mussten seit ihrer Einführung im Jahr 1993 sieben Torhüter eine Sperre wegen zu vielen gelben Karten hinnehmen. Zuletzt passierte dies Manuel Riemann vom VfL Bochum im Februar 2024.

822. Der spanische Torhüter Kepa Arrizabalaga verweigerte im Jahr 2019 seine Auswechslung. Chelsea-Trainer Maurizio Sarri wollte ihn im Ligapokal-Finale kurz vor Spielende eigentlich aus dem Spiel nehmen, um mit Willy Caballero einen geeigneteren Torhüter für das anstehende Elfmeterschießen auf den Platz zu bringen. Dagegen wehrte sich Kepa – und blieb einfach auf dem Platz. Es folgte eine 3:4-Niederlage im Elfermeterschießen gegen Liverpool und eine Geldstrafe von 220.000 Euro für den Torhüter.

823. Eder erzielte in seiner Nationalteam-Karriere für Portugal lediglich ein Tor: Den entscheidenden Treffer beim 1:0-Erfolg im Europameisterschaftsfinale 2016 gegen Frankreich. Dabei wurde der Stürmer für den verletzten Superstar Cristiano Ronaldo eingewechselt.

824. Das Wappen des brasilianischen Klubs Souza EC ziert ein Dinosaurier.

825. Aufgrund einer Partnerschaft mit Colombia Pictures während der Saison 2003/04 waren auf den Trikots von Atletico Madrid zeitweise mehrere Filmtitel zu lesen. So waren unter anderem »Peter Pan«, »Hellyboy« und »Spiderman« auf den Dressen vertreten. Insgesamt wurde für 16 Filmtitel geworben.

826. Rekordsieger der UEFA Women's Champions League ist Olympique Lyon mit einer Ausbeute von acht Titeln. Bei den Herren führt Real Madrid die Liste mit 14 Titelgewinnen an.

827. Die oberste Spielklasse Frankreichs heißt ab der Saison 2024/2025 »Ligue 1 McDonald's«.

828. 15 Spieler und zwei Physiotherapeuten von Las Palmas verpassten den Flug zum Auswärtsspiel beim FC Sevilla, weil sie sich einen Kaffee geholt hatten.

829. Der SV Ried wirbt auf seinen Trikots mit einer Leberkässemmel.

830. Dem mexikanischen Drittligisten wurden bei einem Auswärtsspiel kurz vor Spielbeginn die Trikots gestohlen. Deshalb mussten sie in gefälschten Inter-Shirts auflaufen – bei denen sie den Sponsorenschriftzug mit Tape überklebten.

Hier ist Platz für deine eigene Faktensammlung

Impressum

Text: Manuel Tonezzer
Satz: Stiebner Verlag GmbH und Roman Bold Black, Köln
Lektorat und Gesamtherstellung: Stiebner Verlag GmbH
Illustrationen Innenteil: EdNal – stock.adobe.com,
Gelgel Nasution – stock.adobe.com
Covergestaltung: Pierre Sick; **Coverfoto:** IMAGO / Poolfoto UCL
Gedruckt bei: GGP Media GmbH, Karl-Marx-Str. 24, 07381 Pößneck

Bibliografische Information der Deutschen Nationalbibliothek:
Die Deutsche Nationalbibliothek verzeichnet diese Publikation in der Deutschen Nationalbibliografie; detaillierte bibliografische Daten sind im Internet über http://dnb.dnb.de abrufbar.

ISBN 978-3-7679-1303-5

2. Auflage 2024

Wir produzieren unsere Bücher mit großer Sorgfalt und Genauigkeit. Trotzdem lässt es sich nicht ausschließen, dass uns in Einzelfällen Fehler passieren. Auf unserer Webseite finden Sie bei dem jeweiligen Titel eventuelle Hinweise und Korrekturen. Sollten Sie in diesem Buch einen Fehler finden, so bitten wir um einen Hinweis an verlag@stiebner.com. Für solche Hinweise sind wir sehr dankbar, denn sie helfen uns, besser zu werden.

www.copress.de